MANUAL DE EXPRESSÃO ORAL E ESCRITA

FICHA CATALOGRÁFICA

(Preparada pelo Centro de Catalogação na fonte do Sindicato Nacional dos Editores de Livros, RJ)

Camara Júnior, Joaquim Mattoso, 1904-1970.

C173i Manual de expressão oral e escrita /por/ J. Mattoso Camara Jr. Petrópolis, Vozes, 1986.
168 p.

1. Comunicação oral 2. Linguagem e línguas I. Título.

CDD- 001.542
001.543
400
CDU- 800.852
800.855
77-0482

J. MATTOSO CAMARA JR.

MANUAL DE EXPRESSÃO ORAL E ESCRITA

16ª Edição

EDITORA VOZES

Petrópolis
1998

Rua Frei Luís, 100
25689-900 Petrópolis, RJ
Internet: http://www.vozes.com.br
Brasil

FICHA TÉCNICA DA VOZES

PRESIDENTE
Gilberto M.S. Piscitelli, OFM

DIRETOR EDITORIAL
Avelino Grassi

EDITOR
Lídio Peretti
Edgar Orth

DIRETOR INDUSTRIAL
José Luiz Castro

EDITOR DE ARTE
Omar Santos

EDITORAÇÃO
Revisão gráfica: Revitec S/C
Diagramação: Josiane Furiati
Supervisão gráfica: Valderes Rodrigues

ISBN 85.326.0323-8

As três primeiras edições deste livro foram feitas
por J. Ozon-Editor
Rio de Janeiro (1961, 1964 e 1972)

Este livro foi composto e impresso pela Editora Vozes Ltda.

SUMÁRIO

EXPLICAÇÃO PRÉVIA

Esta despretensiosa obra teve sua origem num curso sobre "Expressão Oral e Escrita", que por anos consecutivos ministrei aos Oficiais-Alunos da Escola de Comando e Estado Maior da Aeronáutica a convite da sua Direção. Fiz a princípio "súmulas", que mais tarde ampliei num pequeno MANUAL, *impresso em multilite na Escola para uso privativo dos Oficiais-Alunos. Posteriormente, as aulas contidas no* MANUAL *foram utilizadas para o ensino de Português na Escola Naval por iniciativa do ilustre professor Hamilton Elia; e as cinco primeiras foram insertas em números salteados da* REVISTA DE CULTURA, *a benemérita publicação cultural do saudoso Cônego Tomás Fontes. Entretanto, muitos colegas e amigos vinham insistindo em que eu desse ao trabalho a ampla divulgação de um livro ao alcance do público ledor em geral. Deixei-me vencer, e faço-o agora na esperança de ser com isso útil aos que necessitam de escrever ou falar em público por injunções da sua vida profissional.*

Rio, 1961

Capítulo I

A BOA LINGUAGEM

I. A IMPORTÂNCIA DA BOA LINGUAGEM

1. A linguagem e a vida social

Tem-se discutido muito sobre as funções essenciais da linguagem humana e a hierarquia natural que há entre elas. É fácil observar, por exemplo, que é pela posse e pelo uso da linguagem, falando oralmente ao próximo ou mentalmente a nós mesmos, que conseguimos organizar o nosso pensamento e torná-lo articulado, concatenado e nítido; é assim que, nas crianças, a partir do momento em que, rigorosamente, adquirem o manejo da língua dos adultos e deixam para trás o balbucio e a expressão fragmentada e difusa, surge um novo e repentino vigor de raciocínio, que não só decorre do desenvolvimento do cérebro, mas também da circunstância de que o indivíduo dispõe agora da língua materna, a serviço de todo o seu trabalho de atividade mental. Se se inicia e desenvolve o estudo metódico dos caracteres e aplicações desse novo e preciso instrumento, vai, concomitantemente, aperfeiçoando-se a capacidade de pensar, da mesma sorte que se aperfeiçoa o operário com o domínio e o conhecimento seguro das ferramentas da sua profissão. E é este, e não o outro, antes de tudo, o essencial proveito de tal ensino.

Observe-se ainda, por outro lado, que é quase exclusivamente pela linguagem que nos comunicamos uns com os outros na vida social. Pode-se dizer que a sociedade humana, em confronto com os aspectos rudimentares das colônias dos animais gregários, é, na sua tremenda complexidade, uma conseqüência da posse da linguagem. Dela depende a permuta das idéias, como a das mercadorias pressupõe, para ser eficiente e irrestrita, um serviço organizado de tráfego.

Assim, deixando de parte outras muitas funções da linguagem na vida humana, podemos fixar-nos nestas duas primaciais e incontestáveis:

a) possibilitar o pensamento em seu sentido lato;

b) permitir a comunicação ampla do pensamento assim elaborado.

2. A linguagem tem de ser boa

A conseqüência inevitável dessas duas verdades é que cada um de nós tem de saber usar uma boa linguagem para desempenhar o seu papel de indivíduo humano e de membro de uma sociedade humana. Não se pode admitir que um instrumento tão essencial seja mal conhecido e mal manejado; mal utilizá-lo é colocarmo-nos na categoria dos operários que são canhestros e insipientes no exercício de sua profissão. Tal categoria tem, por princípio, de ser eliminada: ninguém tem o direito de conformar-se em ser esse tipo de operário, nem a fábrica social se pode dar ao luxo de aceitá-lo complacentemente em seu seio.

É, entretanto, a atitude implícita dos que fazem praça de não se preocuparem com questões de linguagem. Há quem assim se desculpe, quando o que diz ou escreve produz um resultado contraproducente: homem de atividade prática, sem aspirações oratórias ou literárias, quer agir bem, e não falar bem. Ora, a simples circunstância do resultado contraproducente prova que há qualquer coisa fundamentalmente errada no princípio incluso na suposta justificativa.

O erro está, a rigor, numa confusão de idéias.

A linguagem tem uma função prática imprescindível na vida humana e social; mas, como muitas outras criações do homem, pode ser transformada em *arte*, isto é, numa fonte de mero gozo do espírito. Passa-se, com isto, a um plano diverso daquele da vida diária. São duas coisas distintas o aspecto prático e o aspecto artístico da linguagem. Neste ela vem a constituir a literatura e deve ser boa no sentido de produzir em nós um alto prazer espiritual ou gozo estético. É uma excelência em sentido estrito, que não cabe confundir com o sentido amplo – qual se consubstancia na boa formulação e na boa comunicação do pensamento.

Apressemo-nos a ressalvar, porém, que o *sentimento artístico é espontâneo e inerente nos homens e que, para ser eficiente, a linguagem tem de satisfazê-lo e não apenas se cingir a uma formulação seca, objetiva e fria.* Assim, em toda boa exposição lingüística entra, a bem dizer, um tal ou qual elemento literário.

É, até certo ponto, daí resultante a circunstância de que se cria em toda sociedade um ideal lingüístico, por que temos de pautar-nos para as nossas palavras não provocarem uma repulsão, às vezes latente e mal perceptível, mas sempre suficiente para prejudicar-lhes o efeito.

Essas considerações nos possibilitam precisar melhor o conceito de boa linguagem em seu sentido lato. Vemo-la já agora por suas três faces. Uma é a adequação ao assunto pensado; outra, certo predicado estético que nos convida a encarar com boa vontade o pensamento exposto; a terceira, enfim, uma adaptação inteligente e sutil ao ideal lingüístico coletivo, o que importa no problema da correção gramatical em seu sentido estrito.

Não são três aspectos equivalentes, e muito menos é substituível um pelos outros. É claro que a nitidez e o rigor da expressão do pensamento, ou, em outros termos, a precisão lógica da exposição lingüística tem a primazia sobre tudo mais. A ela se adjunge, como elemento de atração, a qualidade que empolga ou seduz, predispondo a razão a se fixar no que lhe é exposto e a se deixar convencer; ou seja, o efeito retórico em última análise. Finalmente, o cuidado da correção gramatical evita que se afronte um sentimento lingüístico enraizado, que o mais das vezes tem uma motivação profunda, mas deve ser atendido mesmo quando decorre de meras convenções mais ou menos arbitrárias.

3. A composição

A precisão lógica da exposição lingüística importa, antes de tudo, no problema da composição, que consiste em bem ajustar e concatenar os pensamentos. O próprio raciocínio ainda não exteriorizado depende disso para desenvolver-se.

Além de nos fazermos entender pelos outros, temos de nos entender a nós mesmos, e é neste sentido que tem cabida a frase do velho poeta francês – "o que é bem concebido se enuncia claramente" (Boileau, *Art Poétique*, I, 153).

4. A forma

O efeito retórico e a correção gramatical, por sua vez, constituem o que se costuma chamar a forma de uma exposição. Não resumem em si a boa linguagem, como erroneamente se admite às vezes, mas apenas concorrem para ela.

Não são, por outro lado, coisas rigidamente assentes e fixadas. Variam em grau bastante lato na adaptação da exposição lingüística ao ambiente social a que se destina. E, como um ambiente desses envolve aspectos peculiaríssimos, a forma, segundo as circunstâncias, é cambiante e diversa. A sua parte mais ou menos fixa é a que corresponde à adequação da linguagem a personalidade do próprio expositor.

Consideremos, neste sentido, um caso particular: os oficiais graduados da nossa Força Aérea, digamos. O que dizem ou escrevem está ligado a esse *status* social. Têm, por suas próprias funções, de se dirigir a meios civis e a meios militares.

O problema da adequação da exposição à personalidade do expositor consiste, em última análise, em saber o que esperam de um oficial graduado, investido de uma tarefa ou um comando, aqueles a quem ele se dirige. Podemos dizer, numa resposta indireta, que pelo menos não se esperam duas coisas:

a) que fale ou escreva aquém do índice do seu *status* social;

b) que se exprima como um literato, isto é, como alguém que "faz arte" em matéria de linguagem.

A condição prevista no item *b* não deve ser esquecida no que concerne à forma da exposição. O efeito retórico e o escrúpulo de correção gramatical, se excessivos, dão uma impressão de "literatura", totalmente descabida no nosso caso concreto: a forma pode ser boa, considerada em si mesma; mas a linguagem da exposição se tornou inegavelmente má.

Afora esta ressalva, a obediência, em princípio, às regras gramaticais firmes e vigentes na comunidade lingüística impõe-se por três motivos. Em primeiro lugar, elas consubstanciam as conclusões de várias gerações de homens que se especializaram em estudar a língua e em observar a sua ação e os seus efeitos no intercâmbio social. Muitas normas e convenções de gramática representam uma experiência longa e coletiva em matéria de expressão lingüística, e acatá-las é seguir uma estrada batida e correr menos riscos, mesmo no âmbito da lógica da formulação. Em segundo lugar, achamse apoiadas por um consenso geral e através delas se facilita a projeção de nossas idéias e a aceitação do que assim dizemos. Finalmente, estranho como pareça, é perfeitamente lícito afirmar que uma atitude de independência em face de regras gramaticais cabe de direito aos literatos, antes que aos que usam a língua com objetivo prático. Do literato espera-se uma visão pessoal em questões de forma lingüística, já que a língua é a sua preocupação primária e a matéria-prima de sua arte. Não nos devem surpreender da parte dele soluções novas e efeitos inesperados; umas e outros, ao contrário, só podem causar estranheza e desconfiança nas condições comuns da vida social e, na melhor das hipóteses, desviam para a forma lingüística a atenção que se deveria concentrar no assunto concreto exposto.

II. LÍNGUA ORAL E LÍNGUA ESCRITA

1. Importância da distinção

As considerações feitas até agora sobre a linguagem abstraíram dela uma circunstância essencial: a de que pode ser falada ou escrita, e há assim dois tipos distintos da exposição lingüística. De maneira geral, podemos dizer que a primeira se comunica pelo ouvido, e a segunda pela visão. Ou em outros termos: na comunicação escrita, os sons que essencialmente constituem a linguagem humana passam a ser apenas evocados mentalmente por meio de símbolos gráficos.

A civilização deu uma importância extraordinária à escrita e, muitas vezes, quando nos referimos à linguagem, só pensamos nesse seu aspecto. É preciso não perder de vista, porém, que lhe há ao lado, mais antiga, mais básica, uma expressão oral.

O uso da palavra falada, nas mais diversas condições, em meios civis ou militares é uma contingência permanente de um oficial graduado, ampliada ainda mais no mundo contemporâneo com o desenvolvimento das comunicações radiofônicas.

A rigor, a linguagem escrita não passa de um sucedâneo, de um *ersatz* da fala. Esta é que abrange a comunicação lingüística em sua totalidade, pressupondo, além da significação dos vocábulos e das frases, o timbre da voz, a entoação, os elementos subsidiários da mímica, incluindo-se aí o jogo fisionômico. Por isso, para bem se compreender a natureza e o funcionamento da linguagem humana, é preciso partir da apreciação da linguagem oral e examinar em seguida a escrita como uma espécie de linguagem mutilada, cuja eficiência depende da maneira por que conseguimos obviar à falta inevitável de determinados elementos expressivos.

2. Traços característicos da exposição oral

É claro que o grande número de traços característicos da exposição oral, ausentes na escrita, impõe o dever de bem utilizá-los, para que a linguagem seja boa: quem fala em público tem de atentar para o timbre da voz, para a altura da emissão vocal, para o complexo fenômeno que se chama entoação das frases, bem como saber jogar, adequadamente, com gestos do corpo, dos braços, das mãos e da fisionomia. Há aí uma enorme riqueza de recursos, que facilitam extraordinariamente a comunicação lingüística, quando são bem empregados; mas, como toda riqueza, se podem transformar em pesadelo e danação.

E ainda acrescem outros problemas.

Um deles é o que está ligado aos fenômenos psíquicos de simpatia e antipatia entre os homens em contacto direto. Outro é o de prender a atenção, cuja tendência natural é não se conservar permanente e contínua e só assim se torna em virtude de uma mestria especial do expositor em lidar com os ouvintes. Finalmente, há a questão da boa apreensão das nossas palavras, envolvendo um ajustamento delicado da sua enunciação e até da sua escolha, sob o aspecto acústico, em vista das condições do auditório.

3. Traços característicos da exposição escrita

A exposição escrita pode parecer mais simples, dada a falta desse complexo conjunto de elementos. A realidade, porém, é que eles têm de ser substituídos por uma série de outros, cujo conhecimento e manuseio exigem estudo e experiência. Grande número de regras e orientações gramaticais decorre das exigências da língua escrita para a comunicação ser plenamente eficiente na ausência forçada de muitos recursos, que complementam e até consubstanciam a linguagem oral.

Escrever bem resulta de uma técnica elaborada, que tem de ser cuidadosamente adquirida. Depende, em muito menor grau do que falar bem, das qualidades naturais do indivíduo, do seu "jeito", enfim, em saber exprimir-se.

4. Conclusão

As considerações desenvolvidas neste capítulo têm por fim estabelecer um ponto de partida para o que vamos estudar. Uma vez compreendida a importância da boa linguagem e o verdadeiro sentido de tal afirmação, podemos apreciá-la nos seus dois tipos distintos, que criam distintos tipos de exposição: o oral e o escrito.

Capítulo II

A ELOCUÇÃO
FUNÇÃO EXPRESSIVA

I. O TOM E SEU VALOR EXPRESSIVO

1. Definição da elocução

Na exposição oral, as nossas palavras são enunciadas diante de um auditório. Os sons vocais projetam-se de quem fala para quem ouve. É esta projeção dos sons vocais que se chama elocução.

Trata-se, evidentemente, de um conceito complexo.

Há, em primeiro lugar, a parte da articulação, que é o conjunto de movimentos na garganta e no interior da boca por meio dos quais enunciamos os sons da linguagem. É claro que precisam ser firmes e nítidos para a inteligibilidade acústica. Da articulação depende a compreensão das palavras, e, se defeituosa, se torna tão prejudicial, para quem fala, como uma letra ilegível para quem escreve.

Além disso, na elocução, as palavras formam grupos significativos, em disposição, por assim dizer, hierárquica. Raramente uma palavra vale por si: tem de ser associada sem solução de continuidade, com outra ou outras num pequeno conjunto, que se projeta ao lado do anterior e do seguinte como uma unidade de sentido parcial embora. Duas ou mais dessas unidades, por sua vez, se associam e assim por diante, até se chegar a um complexo de significação ampla. Isso importa em todo um jogo de cadências e de pausas, que permite ao auditório acompanhar *pari passu* o expositor. É a parte rítmica da elocução, mediante a qual se mantém entre quem fala e os que o ouvem um movimento mental sincronizado.

Finalmente, temos o tom ou inflexão da voz. Ele valoriza as palavras, dá-lhes não raro matizes especiais de significação e reflete o estado de espírito de quem fala: Assim, corrobora a significação, ao mesmo tempo que faz o auditório sentir como tomamos a peito as nossas próprias palavras.

2. Qualidades do tom

A articulação e o ritmo de cadências e pausas serão apreciados em capítulos separados. Aqui trataremos da parte da elocução que se consubstancia no tom da voz.

Por este nome entendemos um jogo de altura e força de emissão nos sons da fala. Força e altura dependem primariamente de certas condições materiais, como a distância entre o expositor e os ouvintes, as dimensões e a forma do recinto e a quietude ou a maior ou menor agitação[1] que há em volta dele. Instintivamente o expositor aumenta ou diminui o volume e a elevação da voz de acordo com o ambiente assim constituído; mas há quem tende para a emissão excessivamente forte e alta pela simples circunstância de estar falando em público a um grupo numeroso de pessoas. O resultado é prejudicial: o expositor se cansa sem necessidade, e, o que é muito pior, cansa e enerva os ouvintes, que sentem a desproporção entre essa voz e as condições ambientes.

O mais importante, porém, em matéria de tom de voz, não é o seu ajustamento à situação externa, mas a possibilidade de variá-lo a serviço da expressão do pensamento. Um tom único é tão inadequado à comunicação oral que monótono se tornou sinônimo de enfadonho.

---

1. Entropia.

É assim que o tom deve crescer ao pronunciarmos palavras de grande importância na frase (ênfase), adquirir esta modulação em outras a cujo sentido queremos emprestar um matiz inesperado e um tanto fora da acepção usual, e, ainda, variar para exprimir as mudanças necessárias do estado de espírito do expositor, subordinado à natureza dos pensamentos que enuncia e em que se deve mostrar profundamente integrado.

Assim se estabelece uma comunhão entre o expositor e o auditório. Tudo que dizemos deve ter uma intenção. O tom a assinala e esclarece melhor a significação das palavras no contexto.

3. Defeitos do tom

Os defeitos do tom desta sorte compreendido decorrem todos, a bem dizer, da circunstância de considerá-lo o expositor um elemento à parte da significação profunda das palavras. Imagina, por isso, uma espécie de tom oratório, que se adiciona à exposição de fora para dentro.

Já vimos que a monotonia é artificial e contraproducente. Ressaltemos agora que ainda mais se agrava nos seguintes casos:

a) se é mecânica e sem vibração, como uma litania maquinalmente recitada;

b) se é de um entusiasmo retumbante e descabido, dando a impressão de um ator que decorou sem inteligência o seu papel;

c) se é de um *laisser-aller* sistemático, traindo um esforço artificial por parte do expositor para mostrar que se sente à vontade.

Por outro lado, o uso da ênfase é coisa muito delicada. É contraproducente acentuar assim palavras cuja importância não seja realmente enorme. Ainda mais perigoso para o efeito geral da exposição é pôr ênfase indiscriminadamente em vocábulos acessórios de ligação, depois dos quais se faz pausa a fim de chamar a atenção para a palavra que se lhe segue, como as conjunções *mas*, *e*, *porque*. Partículas destas são normalmente de emissão fraca, e só em condições muito especiais, quando excepcionalmente é preciso valorizar as próprias idéias de contrastes, de conexão, de explicação, é que tem cabimento aí uma tal ou qual ênfase.

4. A função do tom

O tom, por conseguinte, tem por função valorizar determinadas palavras, precisando-as melhor, indicar como devemos recebê-las do expositor e revelar toda uma gama de sentimentos deste em referência ao que nos diz.

É tal a sua importância na linguagem, que, na língua escrita, onde ele não pode figurar, temos de recriá-lo na leitura mesmo mental, para podermos apreciar e até compreender o texto. A leitura em voz alta na escola primária tem principalmente por fim dar-nos a capacidade de espontaneamente emprestar o tom adequado às palavras escritas que temos diante de nós e sem o qual elas ficam irremediavelmente mutiladas.

II. A MÍMICA

1. Função expressiva da mímica

Não é apenas o tom o elemento que contribui primordialmente na linguagem falada para expressividade das palavras. A seu lado, funciona, espontaneamente, um jogo fisionômico, acrescido de movimentos dos braços e das mãos e até de um movimento do corpo: é o que se entende englobadamente pelo termo *mímica*.

Não se trata, a bem dizer, de um acessório da comunicação oral, mas de uma parte integrante dela. Deste ponto de vista, podemos dizer que o corpo humano em seu conjunto é capaz de uma linguagem significativa, que serve de complemento ao ato de falar. Compreende-se mais facilmente a importância e o valor expressivo da mímica, quando se atenta na circunstância de que só com ela os surdos-mudos conseguem exteriorizar de maneira bastante satisfatória as suas volições e os seus pensamentos. Há até teoristas que sustentam a tese da existência pré-histórica de uma exclusiva linguagem de gestos, antes do remoto passado da humanidade, em que afinal se estabeleceu uma linguagem de sons bucais; é uma hipótese muito discutível – não há dúvida – mas parte do fato inegável de que a mímica ainda hoje é acompanhamento imprescindível da comunicação oral e desempenha o que podemos chamar, como o psicólogo alemão Witte, uma "função precisadora" da palavra.[2]

Falar imóvel e com a fisionomia inalterada é atitude inteiramente artificial e dificílima senão praticamente impossível.

Isto nos impõe naturalmente o dever de levar os gestos em conta para deles se tirar todo o recurso cabível. Obriga-nos, igualmente, a eliminar todos aqueles que não se justificam pelo seu valor expressivo.

2. Como se divide a mímica

Distinguem-se três aspectos essenciais nessa linguagem complementar de gestos.

Em primeiro lugar, temos o jogo fisionômico: volver os olhos, elevação ou contração das sobrancelhas, movimentos da boca e dos lábios. Em segundo lugar, há os movimentos de mãos, de braços e cabeça. Finalmente, também funcionam o busto e até o corpo todo pela locomoção diante do auditório.

Os três tipos de mímica não constituem, porém, elementos distintos e dissociados. Integram-se entre si para corroborar a elocução. Daí, a frase dos psicólogos norte-americanos Pillsbury e Meader: "A ação está intimamente ligada ao pensar e ao sentir... Cada idéia desemboca naturalmente num movimento" (*The Psychology of Language*, 1928, p. 9).

---

2. *Apud* Friedrich Kainz, *Psychologie the Sprache;* Vol. II; p. 498, Stuttgart 1943.

Não constituem, por outro lado, aspectos do mesmo volume e da mesma importância. O jogo fisionômico é que está mais integrado com a enunciação das palavras. Seguem-se-lhe em aderência à fala os movimentos de mãos, braços e cabeça. A locomoção do corpo não é a rigor essencial, pois podemos fazer uma exposição vigorosamente expressiva sentados ou parados, de pé, por trás de uma tribuna.

Todos esses três elementos mímicos devem, entretanto, ser utilizados pelo expositor para um *optimum* de desempenho da sua tarefa. E o devem ser de maneira segura e consciente.

3. Defeitos da mímica

Os gestos expressivos sofrem um prejuízo grave, quando coexistem a seu lado outros imotivados pela comunicação oral e apenas decorrentes de hábitos gesticulatórios, que se manifestam mecanicamente de maneira repetida ou prolongada. Muita gente tem permanentemente estes hábitos, ou passa a realizá-los, sem sentir, no momento em que se vê diante de um auditório.

O inconveniente é tríplice.

Antes de tudo, impedem, ou pelo menos embaraçam, a mímica verdadeiramente expressiva, que não se pode executar, ou se executa mal, por causa deles. É um resultado falho e até desastroso, comparável, no âmbito da elocução, àquele a que chega o indivíduo que fala com a boca cheia e articula os sons da linguagem ao mesmo tempo que mastiga e deglute um alimento.

Além disso, concorrem para distrair os ouvintes. A atenção se fixa no gesto mecânico e assim se desvia das palavras que ouve; e fixa-se com tanto mais facilidade quando a falta de propósito do gesto enerva o auditório e o faz instintivamente recrear-lhe a repetição. Os professores Brigance e Immel contam-nos a respeito a história de uma senhora que segredava ao marido ao assistir a uma conferência em que o orador brincava com o relógio e já o pusera em doze ou quinze lugares diferentes da mesa – “Se ele ainda mexer naquele relógio, eu grito"; "ela não gritou, mas também não ouviu o que o orador dizia; estava na expectativa do relógio mudar novamente de posição".[3]

Finalmente, há o prejuízo de insensivelmente se atribuir ao gesto inexpressivo e mecânico uma intenção que ele não tem. Neste caso, estabelece perplexidade no auditório, porque não se atina com uma interpretação satisfatória, e, muitas vezes até, cria-se uma franca sensação de ridículo pela discordância entre a ação que se vê e a palavra que se ouve.

É de toda a vantagem lembrar aqui alguns tipos muito comuns destes cacoetes. Há, por exemplo, o vezo de brincar distraidamente, enquanto se fala, com uma peça do próprio vestuário ou com um objeto que se acha na tribuna ou na mesa. Inconvenientes análogos decorrem de movimentos descontrolados com as mãos: enfiá-las nos bolsos, esfregá-las uma na outra, passar freqüentemente uma delas pelo queixo, pela nuca, pela cabeça. Ainda pior é puxar as mangas do casaco, ajustá-lo a cada momento ou ajeitar a gravata, sugestionando os ouvintes no sentido de que eles têm diante de si alguém que não está à vontade e se comporta "como se o incomodasse a roupa do corpo", à maneira daquele colegial "bugre e de má cara" que nos descreve satiricamente Raul Pompéia n'*O Ateneu*. Não menos desagradável é vermos um orador a passear nervosamente de um lado para outro, tomando até posições de viés ou quase de costas em relação ao auditório, com dano evidente para a boa projeção de suas palavras. Igualmente perturbadora é a tendência de certos oradores a fitarem distraidamente uma janela ou um ponto qualquer do recinto, privando os olhos da sua função expressiva e induzindo os ouvintes a também voltarem os seus para aquele lado, sob a impressão vaga de que se passa ali qualquer coisa de anormal.

---

3. *Speech for Military Service*, New York, 1944.

4. A boa mímica

É evidentemente mais fácil enumerar os defeitos da mímica do que ensinar minuciosamente a mímica expressiva e boa. Não pode haver no caso um formulário para ser aprendido maquinalmente. A condição precípua é a integração de todo o nosso organismo naquilo que enunciamos; daí decorre um princípio geral: evitar todo gesto que não sentimos espontaneamente associado com o teor da frase.

A cor vaga deste conselho é mais aparente do que real. Torna-se ele preciso e nítido, se atentarmos em que a gesticulação é uma natural atividade expressiva e possui elementos de valor convencionalmente aceito, quase no mesmo grau em que é convencionalmente aceito o sentido das palavras.

Acompanhando as considerações dos professores Brigance e Immel (cit.), diremos que a mão aberta com a palma para cima significa uma apresentação de ponto de vista; com a palma para baixo, a intenção de frisar uma idéia com que o auditório está concorde, mas sem se dar bem conta da sua importância. A mão fechada com o indicador estendido na direção do auditório revela a convicção e o propósito e insistência numa afirmação aparentemente objetável. O punho cerrado, num movimento de golpe no ar ou sobre a mesa, exterioriza o empenho de lutar por uma opinião em que há controvérsia mais ou menos acentuada. E é escusado referirmo-nos a gestos ainda mais padronizados, como os de afirmação e de negação, com o dedo indicador, ou o uso dos dedos para enumerar.

Em relação aos movimentos do corpo, um leve avanço para o auditório traduz um sentimento de aproximação psíquica; um leve recuo, um passo preliminar para argumentar contra maneiras de ver falsas, que sabemos bastante generalizadas. Efeitos equivalentes têm os movimentos do busto em posição parada, conforme ele vai ligeiramente para a frente ou para trás.

Os gestos de cabeça e o jogo fisionômico, essencialmente espontâneo, são de mais fácil execução; é quase bastante que o expositor se deixe levar pelo próprio calor e sinceridade de suas palavras. Sublinhamos apenas o valor da leve distensão das comissuras dos lábios para mostrar intento um tanto ou quanto humorístico em atenuar a crueza de determinada afirmação.

5. O nervosismo

De maneira geral, podemos dizer que a mímica defeituosa – como, por outro lado, o tom de voz insatisfatório – está ligada ao estado nervoso decorrente de falar em público. Vencer esse nervosismo instintivo já é mais do que meio caminho andado no sentido da mímica expressiva e boa.

O auditório sente, aliás, a relação entre os cacoetes gesticulatórios e o estado nervoso do expositor. Nem é um inconveniente despiciendo de tais cacoetes o de assim indiretamente sugerirem que temos diante de nós na plataforma um indivíduo intimidado pela nossa presença ou pela consciência íntima de não estar seguro de sua capacidade; porque num e noutro caso perdemos a simpatia ou a confiança que ele nos deve despertar.

Em si, entretanto, o estado nervoso é natural e até benéfico.

Decorre de uma tensão geral do organismo, e é estimulante.

É devido a ele que diante de um auditório nos sentimos mais inspirados do que entre as quatro paredes de um gabinete de trabalho, e dizemos, muitas vezes, bem o que tínhamos forcejado em vão para lançar satisfatoriamente no papel.

O estado nervoso tem, porém, de ser carreado para a exposição, valorizando-a pela vibração que lhe imprime. Não pode extravasar-se paralelamente. Pior ainda, não pode interferir com as palavras, provocando mímica contraditória ou voz hesitante ou trêmula.

Capítulo III

A ELOCUÇÃO
FUNÇÃO ARTICULATÓRIA

I. A ARTICULAÇÃO EM GERAL

1. Objetivo estrito deste capítulo

Já vimos no capítulo II o que se entende por esta parte da elocução: conjunto de movimentos na garganta e no interior da boca por meio dos quais enunciamos os sons da linguagem. Vimos igualmente o que lhe dá especial importância no funcionamento da comunicação oral: a necessidade de uma nítida e espontânea inteligibilidade acústica.

Ora, o jogo articulatório é praticamente automático e desenvolvido na base de uma aquisição, quase sempre insensível e espontânea, que se verificou na infância. Por contingência de sua própria natureza e da natureza desse primeiro aprendizado, tendem a nele se insinuar e radicar hábitos defeituosos de movimento e posição dos órgãos bucais. A técnica de correção ou ortoépia é hoje complexa e elaborada; fundamenta-se rigorosamente nas conclusões a que chegou um estudo de observação, em moldes científicos, chamado fonética, sobre o trabalho articulatório e as suas relações com o efeito acústico correspondente.

O nosso objetivo neste capítulo não pode, nem deve, evidentemente, ser um estudo cabal de fonética, ou sequer de ortoépia.

Limitamo-nos aqui a chamar a atenção para certos defeitos de articulação mais freqüentes e prejudiciais, como passo preliminar para serem corrigidos pelo esforço próprio de quem os possui. Pois tomar consciência de um hábito mau, mecanicamente produzido, já é um progresso no sentido da sua eliminação.

2. Os diversos tipos de defeitos articulatórios

As palavras são constituídas de uma série de sons elementares encadeados, que se distinguem entre si e cujo nome técnico é o de *fonemas*. A mero título de comparação apenas aproximada, podemos dizer que os fonemas são os tijolos da construção das palavras. Caracterizam-se eles por um pequeno número de movimentos articulatórios, imprimindo-lhes traços acústicos bem determinados, que nos permitem identificá-los. Em toda língua, há certos contrastes de fonemas, onde a diferença articulatória é muito pequena e a possibilidade de omiti-la muito grande, com prejuízo para a inteligibilidade da palavra. Tem-se assim um primeiro tipo de defeitos articulatórios, quando por frouxidão e falta de nitidez dos movimentos bucais se leva o ouvinte a não sentir bem o fonema e a confundi-lo com outro.

Acresce que, em virtude daquele ideal lingüístico, já aqui referido no capítulo I, cria-se espontaneamente em toda língua uma norma de pronúncia, considerada a correta e elegante. O fonema pode ser emitido defeituosamente em virtude de desobedecer-se a essa norma, muito embora compreendido sem maior confusão. Há neste particular duas espécies de perigo: de um lado, um esforço artificial e exagerado de boa articulação, a que se dá o nome de hiperurbanismo; de outro lado, um desleixo e *laisser-aller*, através do qual se insinua uma articulação frouxa e vulgar, que afronta um auditório culto e mesmo diante de qualquer auditório é tomado como índice do *status* social do expositor.

Finalmente, há certos hábitos articulatórios que são próprios de uma determinada região do país e não coincidem com a norma geral de pronúncia. Revelam uma pronúncia regional e deve-se procurar corrigi-los na medida em que arriscam o expositor a provocar estranheza e até um leve senso de ridículo diante de um auditório extra-regional.

Desses três tipos de defeitos articulatórios, o mais relevante, e também relativamente fácil de ser eliminado por um esforço pessoal, é o que determina confusões de fonemas. Segue-se-lhe em importância, num conjunto que é verso e reverso, o hiperurbanismo e o vulgarismo, que prejudicam o prestígio imprescindível ao expositor para fazer aceitar suas idéias. A pronúncia regional é a que menos inconvenientes oferece, desde que contra certos de seus traços não haja um preconceito arraigado no resto do país e que os ouvintes estejam a par da procedência regional do expositor e conheçam mais ou menos esses traços para não se surpreenderem com eles. Estas duas últimas condições impõem, quando não existem *a priori*, uma habilidade sempre possível, qual a de aludir o expositor, *en passant*, ao seu rincão natal e à sua conseqüente maneira de falar.

3. Distinção dos parônimos

Um dos grandes percalços da boa articulação é a existência dos parônimos, isto é, de palavras que apenas se distinguem por um ou dois de seus fonemas. Uma palavra mal articulada pode ser entendida como sendo outra, parônima. O próprio indivíduo que fala pode, subconscientemente, fazer uma troca articulatória, em virtude de falsa associação de idéias às vezes, até, momentânea.

Antes de tudo, portanto, cumpre, ao enunciar cada palavra, ter viva no espírito a sua constituição fônica, ou, noutros termos, os seus fonemas e o encadeamento exato que aí apresentam.

Merecem especial atenção os parônimos cuja diferença está no contraste das duas consoantes chamadas líquidas – /l/ e /r/ – contraste que ressalta pouco entre vogais e muito se se trata do segundo elemento de um grupo de duas consoantes.

O /r/ é, como o /l/, articulado com a ponta da língua junto aos dentes; mas exige uma vibração ou tremulação um tanto prolongada, que o distingue nitidamente da outra líquida. Corretamente enunciados, sente-se entre pares como – *fruir* (gozar) e *fluir* (correr), *fragrante* (cheiroso) e *flagrante* (em chamas ou de surpresa), *franco* e *flanco*, *grande* e *glande*.

4. Contrastes nos fonemas portugueses

Sem pretensões maiores, pode-se mencionar aqui os contrastes, que, típicos de certos fonemas portugueses, propendem a desaparecer, com prejuízo da inteligibilidade, em determinadas posições na frase ou na palavra.

Tal é o caso do /l/ e do /r/ como segundo elemento de um grupo de duas consoantes, a que se fez referência algumas linhas acima.

Neste âmbito, convém citar outras distinções, como as seguintes:

a) Contraste determinado pela vibração das cordas vocais na laringe ao enunciar a consoante (sonora), o que a distingue de outra (surda), sem essa vibração, mas em tudo mais de articulação praticamente igual:
sonoras: – /b/ – /d/ – /g/ /v/ – /z/ – /j/;
surdas: – /p/ – /t/ – /c/ /f/ – /s/ – /x/.
Cf. *bote – pote; dão – tão; galo – calo; voz – foz; zelo – selo; já – xá* (ou ainda *chá*, pois *ch* também representa /x/).
Em fim ou começo de frase, uma enunciação desleixada pode abafar ou anular a oposição imanente em cada um desses pares de palavras.

b) Contraste determinado pelo desdobramento do dorso da língua junto ao céu da boca, numa caracterização da consoante (palatalizada) que a separa de outra sem este desdobramento:
palatalizada – /x/ – /j/ – /lh/ – /nh/;
não-palatalizada – /s/ – /z/ – /l/ – /n/.

Diante de um grupo átono de duas vogais em que a primeira é /i/, a consoante não-palatalizada tende a articular-se com aquele desdobramento e a omissão do /i/; e, diante de /i/ tônico a palatalizada a perdê-lo, se não há um movimento da língua rigoroso e preciso. Daí a pronúncia defeituosa de palavras como – *vênia* (confundindo-se com *venha*), *mobília*, *companhia*. No caso do /x/ e do /i/, o defeito mais freqüente é a omissão do /i/ que se lhe segue como primeiro elemento de um grupo de duas vogais (cf. neste sentido a má articulação de uma palavra como *colégio* sem o /i/ da última sílaba).

c) Contraste entre /m/ e /n/, sons ambos nasais, isto é, com uma emissão de ar pelas fossas nasais em complemento à articulação bucal diversa. Se esta última é frouxa, predomina o efeito nasal, comum às duas consoantes, e a distinção entre elas se esbate.

d) Contraste entre /l/ depois de vogal (*mal*, *alto*, *vil*) e /u/ na mesma posição (*mau*, *auto*, *viu*). Ambos os fonemas são pronunciados no fundo da boca, com uma elevação do dorso da língua em direção ao véu palatino; mas a distinção se baseia em três traços. 1º – no /u/ a língua eleva-se muito menos do que no /l/; 2º – no /u/ há ao mesmo tempo um arredondamento dos lábios; 3º – no /l/ há também uma elevação da parte anterior da língua, que para o /u/ fica abaixada. Uma articulação precisa, que leva em conta estas condições, distingue os dois sons e impede a confusão acústica.

5. Contrastes artificiais

O esforço para bem opor o fonema a outro parecido pode, por outro lado, conduzir a uma deformação articulatória.

Assim, o contraste entre /l/ e /u/ depois de vogal não deve ir ao ponto de se articular o /l/ depois de vogal exatamente como o /l/ antes de vogal. Salvo no extremo sul do país, esta pronúncia indiferenciada soa anômala, e dá a impressão de haver um ligeiro /i/ depois do /l/ final, de maneira que uma palavra como *cal* quase se confunde com *cale* ou *mel* com *mele*.

É igualmente um artificialismo, que desagrada como hiperurbanismo pedantesco, o afã de dar na pronúncia de certas palavras o valor exato às letras que elas contêm.

Com efeito, em teoria, os fonemas são na escrita indicados por símbolos gráficos privativos de cada um e chamados letras. Mas a apresentação escrita nem sempre é perfeita; e, por tudo isso, deve-se procurar sentir os fonemas de uma palavra, em si mesmos, independentes das letras com que ela se escreve.

Guiar-se rigorosamente pela grafia importa em cair muitas vezes no defeito da "pronúncia alfabética". O menor inconveniente é passarmos a ter duas pronúncias para a mesma palavra, conforme a usamos numa conversação espontânea ou numa exposição formalizada. Daí decorre, como inconveniente maior, uma impressão de atitude forçada, que perturba a atmosfera de contacto espontâneo entre o expositor e os ouvintes. Além disso, desvia-se a atenção destes para a excentricidade da pronúncia. Finalmente, a palavra pode tornar-se até menos imediatamente apreensível.

Os casos mais chocantes, entre nós, são os valores de /e/ e /o/ dados às letras *e* e *o*, quando na realidade elas representam, excepcionalmente, /i/ e /u/. A este respeito, é útil a leitura atenta dos nossos grandes poetas, que com suas rimas nos indicam a boa pronúncia.

Assim:

a) Não se deve fazer diferença entre os finais átonos *-eo* e *-io*, ou *-ea* e *-ia*, pois a primeira vogal vale sempre /i/; por isso, rima Hermes Fontes *moléstias, veste-as e réstias* (*Apoteoses*, 1908, p. 19).

b) Nas palavras proparoxítonas, com o acento na 3ª sílaba a contar do fim, a penúltima sílaba, que é átona, nunca tem a vogal /o/, e a letra correspondente soa regularmente /u/. Daí, as rimas *pérola* e *quérula* (Hermes

Fontes, *idem* p. 14), *pérolas* e *cérulas* (Castro Alves, *Obras Completas*, ed. Garnier, vol. II, p. 38), *ídolo* e *estrídulo* (*idem*, p. 39).

c) Nas palavras paroxítonas, as letras *e* e *o*, finais ou seguidas de um *s* final, emitem-se, respectivamente, como /i/ ou /u/ fracos. É o que explica rimas como *largos* e *Argus* (Olavo Bilac, *Poesias*, 9ª ed., p. 157), *vales* e *cálix* (Alberto de Oliveira, *Poesias*, 1912, p. 75), *impele* e (*Regina*) *Coeli* (Cruz de Souza, *Poesias*, ed. Valverde, p. 31), *define* e *Bellini* (B. Lopes, *Poesias*, ed. Valverde, vol. III, p. 35).

Num caso destes, o valor de /e/ e o de /o/ dados, respectivamente, às duas letras é tão anômalo, que logo cria a impressão de sotaque estrangeiro.

Finalmente, em palavras esporádicas, em que se escreve *e* ou *o* em sílaba átona inicial ou medial a enunciação natural dessas letras é como /i/ ou /u/ ex.: *menino*, *feliz*, *sotaque*, *borracha*, *governo*, *boletim* (pronunciado /bulitin/). O mais freqüente, porém, em sílaba inicial ou medial átona, é a letra indicar o verdadeiro som; é assim que distinguimos *morar* e *murar*, *fechar* e *fichar*, etc.[4]

II. A ACENTUAÇÃO

1. Sílaba tônica

Um aspecto importante da articulação é a maior intensidade com que são emitidos os sons de uma determinada sílaba de cada palavra. A essa articulação mais intensa chama-se acentuação, e a sílaba assim articulada – acentuada ou tônica.

Há certo número de vocábulos (muitos monossílabos e alguns dissílabos) que se pronunciam dentro da frase sem acentuação, ou, em outros termos, com uma articulação fraca

---

4. Em Portugal, entretanto, não existe essa distinção.

ou átona, ligando-se ao vocábulo contíguo como se fossem dele uma ou duas sílabas a mais. São as partículas átonas: o artigo, quase todas as proposições, muitas conjunções e as variações pronominais que se adjungem a um verbo.

Todas as outras palavras, inclusive outros muitos monossílabos, são tônicas, isto é, têm uma de suas sílabas acentuada ou tônica em posição final ou última (oxítonos), ou em posição penúltima (paroxítonos) ou ainda, menos comumente, em posição antepenúltima (proparoxítonos).

2. Defeitos referentes à acentuação

O primeiro defeito a considerar neste âmbito é não emitir a sílaba tônica com a intensidade suficiente. Daí decorre prejuízo, porque a acentuação de determinada sílaba desempenha um grande papel na identificação espontânea da palavra ouvida, o que um gramático latino já pitorescamente frisou, dizendo que a sílaba tônica é a alma da palavra.

Defeito, até certo ponto, oposto é acentuar demais a sílaba tônica de palavras acessórias, como um adjetivo ao lado do seu substantivo, um pronome sujeito ao lado do seu verbo, sem que haja para tanto uma razão especial de ênfase. Ainda pior é dar descabida intensidade na frase às partículas naturalmente átonas, enunciando-se, por exemplo, como tônica uma preposição junto ao correspondente substantivo, uma variação pronominal junto ao verbo correspondente.

Por outro lado, a importância da sílaba tônica não deve fazer desprezar a articulação das demais. É um defeito sério, bastante comum entre nós. Dele resultam as seguintes conseqüências, altamente prejudicais para a inteligibilidade do que se diz:

a) "engolir" as vogais átonas com que se iniciam certas palavras (ex.: *brigado* em vez de *obrigado*);

b) deixar esvaírem-se numa leve aspiração as consoantes finais (/r/ e /s/ de palavras não oxítonas (ex.: *revolve* em vez de *revólver*, *as arma* em vez de *as armas*);

c) abafar a articulação da sílaba final de palavras proparoxítonas, tornando-a indistinta quando não fundindo-a com a penúltima, como na má enunciação de *exército, Petrópolis.* Este terceiro defeito tem a sua contraparte numa ligeira acentuação, inteiramente descabida, da última sílaba de uma palavra proparoxítona; é em virtude disso que um proparoxítono como *álcali* quase soa, defeituosamente, como oxítono.

3. Palavras de acentuação duvidosa

A importância da sílaba tônica na identificação dos elementos da frase torna profundamente vexatório o problema de pronunciar palavras em que a posição da acentuação não está espontaneamente fixada na língua.

Em muitas, uma das pronúncias é tida como vulgar e desprestigia o expositor; assim, deve dizer-se – como oxítonos *sutil, novel, ruim, refém;* como paroxítonos *pegada, decano, ibero, pudico, batavo;* como proparoxítonos *bátega, aríete, êxodo, década, epíteto, prístino, sânscrito, revérbero, trânsfuga, Ésquilo* (nome próprio, em contraste com *esquilo,* paroxítono, nome comum de animal).

Em outras, há dúvida e hesitação generalizada, e o problema se complica. Trataremos dele na parte deste *Manual* destinada a estudar as discordâncias do uso lingüístico.

Capítulo IV

A ELOCUÇÃO FUNÇÃO RÍTMICA

I. O JOGO DAS PAUSAS

1. Os grupos de força

Já vimos anteriormente que numa elocução fluente e normal não se enunciam as palavras isoladas entre si, como a convenção gráfica as apresenta no papel. Elas se encadeiam, ao contrário, constituindo os chamados grupos de força. Assim, o contínuo da elocução é cortado de pausas que não correspondem, senão ocasionalmente, à separação mental que fazemos entre uma palavra e outra.

É o que explica a tendência dos indivíduos apenas semi-alfabetizados a lançarem no papel, quando escrevem, duas ou três palavras ligadas, sem espaço em branco; guiam-se pelas pausas que espontaneamente fariam falando, e não pela individualidade que mentalmente se atribui a cada palavra.

O nome de grupo de força foi escolhido em virtude de cada uma dessas unidades de emissão possuir uma única acentuação predominantemente forte – a da sílaba tônica da sua palavra mais importante, a que se adaptam, com acentuação um pouco enfraquecida, as sílabas tônicas das demais palavras e as partículas átonas.

É o que se observa nitidamente na boa leitura do verso.

Assim, o verso de 10 sílabas, ou decassílabo, em português, forma 2 ou 3 grupos de força, com a acentuação predominante, respectivamente, na 6ª e 10ª ou na 4ª, 8ª e 10ª sílabas; dentro de cada um desses grupos enquadram-se com intensidade atenuada as sílabas tônicas das demais palavras, incidindo indiferentemente em qualquer sílaba que não seja a 5ª, a 7ª ou 9ª; ex.: "muito-coche-re*al* nestas-cal*ça*das / e-nestas-*pra*ças hoje-abando*na*das..." (Raimundo Correa, *Poesias*, 4ª ed., p. 165).

2. Espécies de pausa

Podemos distinguir várias espécies de pausa numa exposição seguida.

Há, em primeiro lugar, as pausas decisivamente assinaladas, que na escrita correspondem ao *ponto*, com duas graduações: uma grande pausa, equivalente ao *ponto parágrafo*, e uma mais rápida, que graficamente se traduz pelo *ponto simples*. Em segundo lugar, temos as pausas em que a voz fica em suspenso, indicando que a frase ainda não terminou; são as que a escrita representa pela vírgula, se para isso existe motivo de ordem lógica, ou deixa de representar, se falta esse motivo. Como graus intermediários, se nos oferecem outras pausas mais rápidas que as do ponto simples e mais demoradas que as da vírgula, expressas em regra no papel pelo *ponto e vírgula* ou pelos *dois pontos*, conforme a intenção lógica. Oralmente, a pausa de *dois pontos* se caracteriza por uma voz em suspenso, como no caso da vírgula, e a de *ponto e vírgula* é decisivamente assinalada, embora a voz logo se reate.

A impressão de pausa decisiva e a de voz em suspenso decorrem da altura da voz na parte final do grupo de força: para o primeiro efeito a voz baixa levemente, e para o segundo há uma pequena elevação gradativa, a partir da última sílaba tônica. Ou em outros termos: dá-se um jogo de cadências (do latim *cádere*, cair) e anticadências.

Todas essas pausas têm um papel complexo na elocução. Podemos resumi-lo em quatro ordens:

a) permitir o mecanismo regular da respiração, enquanto se fala (ordem fisiológica)[5];

b) dar oportunidade ao desenvolvimento de um pensamento que se formula à medida que se exterioriza (ordem mental);

c) possibilitar ao auditório acompanhar a exposição, fornecendo-lhe um grupo de idéias relativamente simples de cada vez (ordem comunicativa);

d) estabelecer um balanço rítmico na elocução (ordem rítmica ou fonética).

Ora, a pausa rítmica é justamente preponderante numa elocução normal e fluente. É ela que regula a marcha da fala, estabelecendo uma distribuição de grupos de força, variáveis em duração e número de sílabas, mas com certa proporção, embora um tanto indefinida, entre si. O verso não é mais do que a sistematização, em números determinados, dessa distribuição natural e incerta. Entre ele e a frase comum, dita em prosa, há a mesma relação que entre as figuras geométricas absolutas na sua regularidade e os perfis que a natureza nos oferece nas montanhas, nas pedras, nas árvores, com os seus contornos caprichosos e incertos mas donde aquelas figuras se podem extrair. Toda enunciação tem a rigor um embrião de verso, e o chamado verso livre moderno caracteriza-se por contentar-se com esse ritmo vago natural.

Em virtude desse seu aspecto essencial, a pausa rítmica, profundamente entranhada na alocução, concentra em si as demais funções das pausas e é aproveitada para os fins de respiração fisiológica, da formulação mental e da comunicação compreensiva. A interrupção da fala, imposta por uma distribuição rítmica imanente, sincroniza-se com a atividade respiratória e o desenvolvimento de uma atividade de pensamento que se exterioriza e vai sendo apreendida pelos ouvintes.

---

5. Cf. A. Nascentes (*O Idioma Nacional*, São Paulo 1937, p. 77): "A duração normal da respiração abrange doze sílabas".

3. Defeitos no jogo das pausas

O expositor inexperiente não sabe fazer isso. Pára para respirar quando sente que vai faltar o fôlego, e assim interrompe extemporaneamente a frase. Pára para pensar no que vai dizer em meio de uma frase que deve ser ritmicamente contínua. Num e noutro caso, os ouvintes recebem fragmentos de informação e não um pequeno conjunto naturalmente compreensível: têm que esperar que o expositor resolva o seu problema, e a pausa que se lhes apresenta como descabida e, pois, enervante. Acresce que essas interrupções, desprovidas de valor rítmico, se tornam tão desagradáveis e chocantes para o auditório como para os passageiros de um veículo as paradas bruscas e inesperadas que rompem o ritmo da marcha.

Há, portanto, dois defeitos fundamentais no jogo das pausas:

a) a falta de controle da respiração, a fim de aproveitar ao máximo para respirar as pausas foneticamente impostas na elocução;

b) a falta de ajustamento entre o pensar e o dizer, a fim de formular de um golpe o conjunto de palavras contidas num grupo de força.

A correção do primeiro defeito é relativamente fácil: depende de um adestramento respiratório, que facultam os exercícios de leitura em voz alta. O segundo defeito se corrige pela disciplinação mental, e a sua eliminação é que determina a qualidade oratória da fluência.

Quem não é orador feito nem sempre chega a um *optimum* de elocução para ser rigorosa e inelutavelmente fluente.

Uma ou outra vez, há de lhe acontecer um desajustamento momentâneo entre o ritmo do pensamento e o da fala, e, em meio a um grupo natural de força, terá de parar a fim de procurar uma palavra ou uma fórmula verbal ainda não nitidamente evocada.

Os inconvenientes daí resultantes podem ser reduzidos, ou até praticamente anulados, por um destes dois recursos, conforme as circunstâncias:

1º) fazer da interrupção uma pausa enfática;

2º) enunciar uma palavra ou uma fórmula menos satisfatória, para dar tempo à evocação, e logo corrigi-la através de uma ressalva como – "ou antes", "ou melhor", "ou noutros termos", "ou mais precisamente", etc.

A impressão de pausa enfática se desperta nos ouvintes por meio de um jogo mímico adequado, com que o expositor aparenta que se deteve para dar mais relevo ao que vai dizer; em seguida ela se consolida pelo tom especial, com que afinal se enuncia a palavra ou a fórmula buscada. É óbvio que essa pequena simulação só tem cabimento quando se trata de qualquer coisa de realmente importante no teor da exposição; em caso contrário, cria-se uma incongruência entre a ênfase da elocução e a insignificância do conteúdo mental, e o efeito é desastroso.

O recurso à correção *a posteriori* só se justifica, por sua vez, quando a dificuldade de encontrar um termo adequado, em vista da sutileza e do cambiante da acepção, é também plenamente sentida pelos ouvintes, que então se integram com o trabalho mental do expositor e aceitam a ressalva como uma prova de seu escrúpulo na nitidez da expressão.

4. Velocidade da elocução

Está intimamente associada com os grupos de força e as pausas a velocidade da elocução.

A elocução lenta, ou "pausada", cria, como este segundo qualificativo indica, uma pausa de uma palavra para outra e desagrega os naturais grupos de força, com prejuízo para o efeito rítmico. Daí a sensação de tédio que se estabelece ao auditório, a par do cansaço decorrente do esforço contínuo para ajuntar compreensivamente palavras que são apresentadas inteiramente soltas entre si.

A elocução excessivamente rápida, por sua vez, mesmo quando não prejudica a nitidez da articulação, obriga a uma tensão mental fatigante por parte de quem ouve, no afã de analisar e assimilar o que ouve. O auditório vê-se na situação de um pedestre que tivesse de acompanhar *pari passu* um cavaleiro a galope.

De menor monta, porém, do que a velocidade média da elocução é a distribuição dessa velocidade de acordo com o teor geral de cada grupo de força. Por conveniência de ordem rítmica, os grupos de força muito grandes tendem a se enunciar com mais rapidez. Por conveniência de ordem comunicativa, as palavras muito longas e as singularmente importantes tendem a se enunciar com mais lentidão. Assim, a fala se torna mais rápida e mais lenta, numa variedade que satisfaz foneticamente ao ouvido e mentalmente à compreensão.

Neste jogo de velocidade da voz, é, antes de tudo, necessário que o expositor saiba controlar o seu impulso psíquico de apressar a elocução à medida que vai empolgando-o o assunto. Não deve esquecer que está diante de um auditório e que a marcha da exposição tem de ser regulada por certos dados objetivos, entre os quais sobrelevam a natureza fonética e o conteúdo mental das próprias frases. O entusiasmo do expositor é um dado subjetivo e altamente prejudicial, se conduz a uma maior rapidez de emissão que não coincide com exigências de ordem rítmica e comunicativa.

É, portanto, um defeito começarmos a falar lentamente, pelo simples fato de ainda não estarmos realmente tomados pelo assunto, e apressar gradativamente a elocução à medida que nos entusiasmamos. Como todos os demais elementos da elocução, a velocidade da voz tem de ser governada pelo intento definido de um expositor seguro de si.

II. AS PAUSAS E AS PARTÍCULAS PROCLÍTICAS

1. As partículas proclíticas

Vimos, a propósito da acentuação, que há muitos monossílabos e alguns dissílabos átonos que entram num grupo de força sem qualquer acentuação própria: o artigo, quase todas as preposições, muitas conjunções e as variações pronominais que se adjungem ao verbo.

Com exceção destas últimas, que ora se antepõem, ora se pospõem à forma verbal, as demais partículas átonas são proclíticas, isto é, se ligam à palavra tônica que se lhes segue, como novas verdadeiras sílabas iniciais dessa palavra. Assim, não pode haver, em princípio, uma pausa entre uma partícula proclítica e a palavra em que ela se integra. Uma pausa nestas condições torna autônoma a partícula e lhe dá acentuação. O efeito acústico é, em regra, desagradável e perturbador. É-o tanto mais quanto mais coesa for a idéia entre os dois vocábulos.

Podemos dizer que isto se verifica praticamente sempre com o artigo e quase sempre com as preposições átonas.

Quando as enunciamos, já devemos ter nítida em mente a palavra seguinte, a fim de não incidir numa pausa que, além de defeituosa porque rompe o grupo de força, isola incongruentemente a partícula proclítica e lhe dá uma acentuação inadequada.

2. As pausas e as partículas proclíticas

Às vezes, entretanto, muitas conjunções e certas preposições átonas adquirem uma força de articulação esporádica, pela exigência do próprio texto, e estabelece-se uma ligeira interrupção da voz depois delas. É o que se verifica, em ocorrências limitadas, com a preposição *para* (quando se quer frisar com vigor a idéia de um movimento de direção), com a partícula *que*, com as conjunções *e, mas*.

Num caso desses, a partícula átona se torna nitidamente tônica, e daí decorre um problema de articulação em referência à sua vogal.

É que, normalmente, os proclíticos, que na escrita terminam em *a, e* ou *-o*, têm outras vogais no corpo da elocução: o /a/ apresenta um som fechado e abafado; e para *-e* e *-o* correspondem respectivamente, na realidade, um /i/ e um /u/ fracos, um tanto mais abertos que o /i/ e o /u/ tônicos.

Ora, quando sucede o isolamento e a ligeira acentuação, acima referida, deparam-se-nos duas possibilidades de articulação da vogal:

a) deixá-la com o timbre característico, e então teremos um /â/ tônico abafado, semelhante à pronúncia da letra *u* em palavras inglesas como *but*, *cup*, e um /i/ e um /u/ tônicos fechados, como nos monossílabos tônicos *vi* e *tu*;

b) atribuir-lhe o timbre tônico normal, em que o /a/ soa claro e aberto como em *dá* e aparecem /e/ e /o/ a corresponder, respectivamente, às vogais tônicas de *vê* e *avô*.

Em referência à preposição *para*, é a segunda solução que um auditório brasileiro aceita melhor; o mesmo se pode dizer da conjunção *mas*, embora aí a ressonância nasal do /m/, repercutindo no /a/, e o esforço para distinguir a partícula e o advérbio *mais* tenham favorecido a manutenção do timbre abafado. Quanto às conjunções *e* (copulativa) e *se* (condicional), predomina a articulação com /i/ mesmo em posição ligeiramente tônica. Ao contrário, a tonicidade na partícula *que* impõe a emissão de um /e/, em vez do /i/ fraco da elocução proclítica.

3. Defeito na elocução das conjunções proclíticas

Alguns oradores têm a tendência para abusar dessa ligeira acentuação e pausa em referência às conjunções e ainda à preposição *para*. Parece-lhes um bom recurso para chamar a atenção do auditório e impressioná-lo. Mas, quando não há para isso um motivo verdadeiramente forte no encadeamento das idéias, cai-se facilmente num maneirismo, que é de mau efeito como todos os maneirismos.

As pausas têm de ser naturalmente condicionadas pelo teor da exposição. A preocupação de fazer, sem motivo de ordem profunda, essas ligeiras pausas só pode perturbar a unidade do texto, rompendo os seus grupos naturais de força. Acresce que, assim, se põe indiscriminadamente a ênfase em partículas acessórias, valorizando-as sem maior cabimento; solicita-se o auditório a fixar especial atenção em meras partículas de enlace e cria-se uma desproporção no jogo dos tons de voz.

É particularmente importante não esquecê-lo, quando se intercala entre a partícula e a palavra seguinte uma expressão incidente, que corta a ligação lógica entre os dois elementos; ex.: *para sem demora decidir...; a força terrestre e em certos casos a força aérea...* etc.

A interrupção lógica parece dever condicionar uma interrupção fonética, e na escrita há casos em que se costuma até a colocar a expressão incidente entre vírgulas. Mas a pausa e a conseqüente acentuação do proclítico podem estabelecer aquela ênfase descabida há pouco aludida; e nestas condições é muito preferível concatenar a conjunção com a parte intercalada, e só depois desta fazer uma ligeira pausa: *para-sem-demora / decidir; a-força-terrestre e e-em-certos-casos / a-força-aérea.*

É justamente um caso em que a vírgula na escrita, de natureza lógica, não coincide necessariamente com a pausa, de natureza fonética.

4. Aplicação

A título de aplicação, consideremos o seguinte trecho d'*A Marinha de Outrora* do Visconde de Ouro Preto, onde o hífen liga as palavras de um grupo de força, a cancela indica ligeira pausa entre dois grupos, e a cancela dupla uma nítida pausa de vírgula.

"Duas-léguas-abaixo / da-cidade-de-Corrientes // na-extensa-curva / que-faz / o-rio-Paraná // entre-a-ponta-daquele-nome / e-Santa-Catarina / ao-sul // viam-se / em-linha-de-combate // mas-com-os-ferros-no-fundo / e-fogos-abafados // nove-canhoneiras-a-vapor // em-cujos-penóis / tremulava / a-bandeira-brasileira" (cf. *Antologia Nacional* de F. Barreto e Laet, 25ª ed., p. 74).

No trecho seguinte da mesma narrativa temos o caso de um e copulativo em conexão com um troço[6] de frase incidente:

"Ele-bate-se / com-vivacidade-extrema // e-ao-mesmo-tempo-que-procura-causar / o-maior-prejuízo / ao-inimigo / e cortar-lhe-a-retirada // socorre / por-suas-próprias-mãos // atirando-lhes-cabos // algumas-praças / que-se-debatiam / contra-a-correnteza" (*ibid.*, p. 85).

6. A supressão do acento diferencial, em casos como este, apresenta inconvenientes para a pronúncia, pois se trata de troço (ô) e não troço (ó).

Capítulo V

A EXPOSIÇÃO ORAL

I. CONSIDERAÇÕES GERAIS

Pode parecer à primeira vista que exposição oral, dada a natureza espontânea da linguagem falada, deva ser um improviso, em sentido absoluto, para causar uma boa impressão no auditório. E, com efeito, é fácil perceber como a sensação do improviso é estimulante e capta uma simpatia geral para o orador. Ao contrário, o discurso lido, ou evidentemente decorado, tem a vencer, de início, uma instintiva má vontade; e só é bem aceito em casos muito definidos em que a convenção social o impõe.

A linguagem falada está de tal modo integrada no ambiente de uma situação concreta, que nos comprazemos em imaginar a exposição ideal como sendo aquela que espontaneamente emerge da situação em que se manifesta.

Esse sentimento do auditório deve ser levado cuidadosamente em conta pelos expositores, mas nunca desgarrá-los a ponto de se pautarem literalmente por ele. Nenhum grande orador jamais procedeu de tal forma, desde a Antigüidade Clássica, quando a fala em público tinha primacial importância para o político na ágora e para o general no campo de batalha; do gênio da oratória grega, que foi Demóstenes, se disse, ainda em seu tempo, que todos os seus discursos cheiravam a azeite de candeia, e ele próprio admitiu o que aí se insinuava, retrucando ao crítico malevolente, que tinha fama de ladrão: “Para coisa muito diversa te serve a luz da candeia”.[7]

A rigor, o improviso deve restringir-se à formulação verbal dos pensamentos. À frase de antemão preparada, em todos os seus detalhes, falta o calor e a vida que queremos sentir na enunciação oral. Para ter uma e outra é preciso que ela seja um produto do momento, determinada pelo estímulo da atenção e do interesse que o expositor apreende em volta de si e orientada pelas reações dos indivíduos em cujo meio ele se acha. Há um processo de elaboração formal, condicionada pela receptividade mais ou menos cambiante que se entremostra nos ouvintes, e só assim a exposição se torna impressiva e eficiente. É o que não se verifica no discurso lido, e esta circunstância é uma das várias inconveniências que ele oferece.

Já no âmbito da composição, isto é, do plano em que a exposição se vai desenvolver, o improviso só pode ser desastroso. Temos de saber, de antemão, o pensamento central que vamos expor e temos de construir, de antemão, esse pensamento num todo orgânico e lógico.

Daí decorre a necessidade de um cuidadoso trabalho mental preliminar, que podemos dividir em dois itens:

1º) determinar o que vamos dizer e consolidar o nosso conhecimento a respeito, através de reflexões e pesquisas;

2º) organizar a distribuição do assunto da maneira que nos parece mais interessante, clara e impressiva.

O primeiro item abrange uma série de atividades, que constituem os prolegômenos da exposição; o segundo é a afincada “vigília à luz da candeia”, que se atribuiu a Demóstenes, a fim de ficar nitidamente elaborado um roteiro e prevista a marcha a seguir.

É esta última parte que vamos estudar em primeiro lugar sob o título de – *O plano da exposição.*

---

7. A anedota vem nas *“Vidas”* de Plutarco (cf. trad. fr. Pierron, 2ª ed., vol. III, p. 531).

II. O PLANO DA EXPOSIÇÃO

1. Partes essenciais da exposição

É quase um truísmo que toda exposição deve ter um começo introdutório, um corpo de matéria e uma conclusão. Assim, na elaboração de um plano é preciso levar em conta essa divisão natural e preestabelecer um início de considerações gerais, que nos conduza insensivelmente para o nosso assunto propriamente dito, um conjunto central, com este assunto, e um conspecto final, que o resuma e consolide.

2. A introdução

A introdução – que a antiga retórica chamava o exórdio – impõe-se, antes de tudo, pela necessidade de um duplo ajustamento:

a) o do expositor com o auditório, captando-lhe a simpatia e a atenção;

b) o do auditório com o assunto, para que todos sintam a importância e o interesse do que vão ouvir. Além disso, a introdução cria um terceiro ajustamento: o do expositor com o seu próprio assunto, nas condições concretas em que vai desenvolvê-lo.

A antiga retórica admitia a existência de discursos sem exórdio, que denominava discursos *ex-abrupto*. Mas com isto partia de uma concepção muito estreita do que se devia entender por exórdio, concebido sem profundeza e sem amplitude como uma série de considerações do orador sobre a sua pessoa, o seu apreço aos ouvintes, a necessidade de tomar-lhes o tempo e a atenção etc. A introdução *lato sensu*, tal como definimos linhas acima, mesmo num discurso *ex-abrupto* existe em última análise.

Quando, por exemplo, Cícero, na primeira Catilinária (*Orationes*, ed. Deltour, II, 1), começa a falar com uma imprecação súbita – "Até quando, ó Catilina, abusarás da nossa paciência...", estabelece, malgrado o famoso *ex-abrupto*, uma cuidadosa e sagaz introdução, focalizando em termos gerais a figura do antagonista e as suas atividades clandestinas, que é seu propósito analisar e pôr à luz do dia; enfim, capta a simpatia e a atenção do auditório e faz-lhe sentir a importância e o interesse do que lhe vai minuciosamente expor.

Esta análise dos fins da introdução, que acabamos de fazer, mostra que ela apresenta espontaneamente uma divisão tripartida:

a) na primeira tomamos posse do ambiente;

b) na segunda focalizamos claramente para nós e para os ouvintes o nosso objetivo;

c) na terceira fixamos nesse objetivo o auditório e fazemo-lo comungar com os pensamentos que vamos desenvolver.

Sem isso, a exposição se torna perturbadora, porque encontra um ambiente ainda mais ou menos desajustado. Mesmo que o auditório já esteja de antemão empenhado no que vai ouvir e bem predisposto em referência ao expositor, a presença deste e o início da nova experiência impedem uma fixação imediata no assunto; cria-se um atraso de percepção, e, na melhor das hipóteses, o resultado é ficar perdida uma parte básica do desenvolvimento.

3. O corpo da exposição

A exposição tem de dividir-se em partes bem delimitadas e bem concatenadas. Há diante de nós um assunto em bloco. É suscetível de uma análise que no-la faz compreender como um todo articulado. A organização do corpo da exposição consiste em fazer o expositor essa análise para si e para o auditório.

Não se deve dividir demais, pois assim fica prejudicada a impressão de unidade. Deve haver apenas poucas divisões primárias, que por sua vez se subdividam em alguns itens. Se se impõem, inevitavelmente, uma complexidade muito grande, é que o assunto não é propriamente uno. Há um excesso, para ser abandonado, ou, se o merece, desenvolvido noutra ocasião.

Os critérios da divisão são vários, mas se podem resumir em quatro grandes tipos[8]:

a) um desdobramento cronológico;

b) um agrupamento pela associação lógica;

c) a fixação de um ponto de maior interesse, do qual se desce gradativamente;

d) a disposição da matéria em forma de problema proposto ao auditório.

Em suma: um planejamento cronológico, outro lógico, um terceiro psicológico, porque parte de uma atitude psíquica diante do assunto, e finalmente um quarto que podemos chamar dramático, porque passamos a viver com o auditório uma espécie de drama, na pesquisa de uma solução.

O critério cronológico é aparentemente o mais fácil de organizar, mas ao mesmo tempo o mais árduo para conduzir a uma compreensão boa. Nem sempre a seqüência dos fatos é explicação satisfatória da sua ocorrência, e a filosofia do conhecimento já há muito que denunciou com razão a falácia do raciocínio – *post hoc, propter hoc.*

Mesmo nas narrativas puramente históricas, em que a cronologia parece ser um elemento visceral, o método de disposição pelas datas, que era o dos antigos *Anais, Décadas* e *Crônicas*, se tem mostrado muitas vezes incongruente e pouco propício. No relato de uma guerra, com teatros de operações distintos, entrosada com atividade de política interna e externa, por exemplo, um plano primariamente cronológico é a rigor inexeqüível ou pelo menos de péssimo efeito.

O critério lógico, em que o assunto procura se nos apresentar deduzido na sua estrutura objetiva, é, por sua vez, não

---

8. São, em princípio, os que apresenta o livro já citado dos professores Briganco e Immel.

raro de difícil execução, em virtude de um tal ou qual caráter caprichoso e arbitrário, que, pelo menos para a inteligência humana, assumem com maior ou menor grau todas as coisas deste mundo. A rigidez do método lógico arrisca-se a transformar-se num leito de Procusto. A deformação da realidade ou a esquematização simplista são os dois resultados negativos a que pode conduzir o afã de uma apresentação logicamente estruturada.

Já o critério que denominamos psicológico pode trazer inconvenientes diversos mas não menos sérios. Propende para um sensacionalismo fácil, para uma espécie de espírito jornalístico, no mau sentido da expressão.

Finalmente, a dramatização do discurso, pelo processo de estabelecer preliminarmente um problema, é de aplicação muito delicada. É preciso, antes de tudo, que se trate de um problema digno deste nome e que a exposição o resolva realmente e de maneira meridianamente clara para os ouvintes. Do contrário, o expositor fica na atitude incômoda de um charadista que não sabe responder convenientemente às suas próprias charadas.

Ponderados em suas vantagens e inconvenientes, os quatro métodos centrais de exposição se oferecem à nossa escolha em função principalmente da própria natureza do assunto, da situação concreta em que se vai falar, da finalidade particular em vista e das correntes de interesse imanentes no auditório. É uma questão preliminar a ser resolvida pelo próprio expositor e para a qual não pode haver uma receita já pronta a ser tirada de um Manual.

É importante ressalvar, enfim, que os quatro métodos nem sempre são exclusivos uns dos outros senão complementares entre si. Pode-se, por exemplo, partir de um clímax psicológico para insensivelmente se entrar, em seguida, num encadeamento lógico, do qual se passa, num segundo plano de subdivisões, para o arranjo cronológico. A seqüência pelas datas, em virtude do seu aspecto objetivo mas ao mesmo tempo sem profundidade, se presta para as disposições de ordem secundária, depois de uma análise noutros moldes estabeleceu secções primárias e mais substanciais.

4. A conclusão

A exposição tem naturalmente um objetivo essencial que a motiva. Pode-se com maior ou menor facilidade depreendê-lo do conjunto geral do que foi dito. Mas não deve caber aos ouvintes fazê-lo.

O expositor está implicitamente obrigado a resumir o seu pensamento central numa conclusão adequada. Aí consolida as idéias até então desenvolvidas, e incute-as no auditório de uma maneira permanente para os fins em vista.

Para isso, pode fazer um sumário do que já expôs; convém que seja um sumário no rigor da expressão, isto é, rápido e conciso; pois do contrário se cai na repetição e num repisamento de conceitos, que cansa e entedia.

Há, entretanto, outros modos de concluir. Tal é terminar com um apelo para a aplicação do que foi dito: os ouvintes se estimulam com essa visualização da ação prática e garante-se a permanência da impressão recebida. Efeito análogo tem uma rápida ilustração, que, num exemplo vivido, corrobore as considerações até então apresentadas.

Outro recurso é destacar do exposto um ou mais pontos cruciais e fixá-los a título de conclusão diante do auditório.

Finalmente, pode-se usar o fecho de uma citação incisiva. O prestígio da personalidade citada e o caráter mais ou menos retórico da sua frase criam um clima de simpatia instintiva, que só pode favorecer a melhor aceitação das palavras e do raciocínio do próprio expositor.

III. OS PROLEGÔMENOS DA EXPOSIÇÃO

1. Em que consistem eles

Um plano de exposição, assim elaborado, depende evidentemente ainda de dois fatores externos:

a) O conhecimento que o expositor tem do assunto;

b) a sua inteligência em adaptá-lo ao tipo de auditório concreto que vai ter.

É óbvio que sem o conhecimento adequado da matéria nenhum plano de exposição pode dar resultado, se é que sequer pode ser realmente feito. A um expositor ignorante do seu assunto cabe a história do campônio que não conseguia ler com nenhum dos óculos que eram nele experimentados... porque não sabia ler.

Por outro lado, o plano da exposição tem de amoldar-se aos ouvidos a que se destina e às condições ambientes em que vai projetar-se. Um desenvolvimento estritamente lógico, por exemplo, não é o mais indicado para um auditório de nível intelectual medíocre, nem para um recinto aberto e mais ou menos agitado, pouco propício para a concentração mental. Pode ser de efeito magnífico concluir pelo destaque de um ponto crucial, que sabemos ser um firme centro de interesse para aqueles determinados indivíduos a quem vamos falar. E assim por diante.

2. O conhecimento do assunto

Na maioria dos casos, o expositor conhece, satisfatoriamente, a matéria de que vai tratar, e não raro é até a sua condição de especialista que o indicou naturalmente para a tarefa. As contingências da vida profissional são, entretanto, múltiplas e caprichosas; e não poucas vezes vemo-nos na necessidade de falar em público sobre um assunto com que estamos muito mal familiarizados.

Mesmo na primeira hipótese não se justifica a supressão de pesquisas para a exposição em vista. O conhecimento *in abstracto* nunca é suficiente para consubstanciar um conteúdo concreto, orientado num determinado sentido e com um objetivo bem definido. Estas são condições que renovam, por assim dizer, um assunto (ainda que da nossa estrita especialidade).

Para esse trabalho de aquisição ou renovadora adaptação da matéria, temos a nosso dispor duas grandes espécies de fontes:

a) a troca de vistas com pessoas entendidas, que já tiveram experiências semelhantes à que vamos ter;

b) a consulta a livros ou outros informes escritos.

São dois recursos utilizáveis para qualquer exposição, seja oral, seja escrita. Contudo, na exposição oral, que geralmente se apresenta com certo imediatismo, sem possibilidades de execução a longo prazo, o manuseio dos livros, ou, em termos mais gerais, o trabalho bibliográfico preliminar não tem ensanchas de se desenvolver cabalmente, como em regra, ao contrário, sucede com a exposição escrita. Já a informação direta junto a pessoas entendidas, um tanto inoportuna em livros ou monografias por causa do caráter não-documentário que possui, é particularmente vantajosa para uma fala em público, em que precisamos de uma preparação rápida e prática.

3. Como recorrer a pessoas entendidas

Isto posto, depara-se-nos o problema de usar proveitosamente deste tipo de informação direta. Varia para tanto o *modus faciendi.*

Em primeiro lugar, podemos apelar para uma conversa assistemática e sem formalidades. Outro processo é propor perguntas definidas numa entrevista formal. Finalmente, há os questionários escritos.

Quando nos falta um conhecimento amplo da matéria, aquele primeiro recurso é o mais aconselhável. A conversa assistemática e sem formalidades nos fornecerá idéias e conclusões de que precisamos como ponto de partida. É inútil e até contraproducente propor perguntas definidas ou enviar questionário sobre assunto que ainda não dominamos bem: tocaremos em pontos irrelevantes e omitiremos pontos essenciais, sem que o nosso consultado possa suprir as falhas, em virtude da maneira rígida de que lançamos mão. Mesmo os assuntos muito nossos conhecidos merecem ser destarte abordados; verificaremos muitas vezes que daí emergem coisas, que para nossa surpresa nos tinham até então passado despercebidas.

A entrevista formal e os questionários escritos têm especial cabimento, quando precisamos de certos dados suplementares para uma exposição já mais ou menos delineada.

4. A consulta bibliográfica

O livro, ou informe escrito em geral, não tem a maleabilidade que encontramos em contactos pessoais. É preciso saber servirmo-nos dele para o nosso fim particular, mormente em se tratando de uma exposição oral, quando nos defrontamos com um prazo curto para preparação e esta se apresenta em condições mais ou menos improvisadas.

Nem sempre é necessário, ou sequer aconselhável, a leitura integral de certos livros. Só a prática nos habilitará na arte de colher informações de uma obra, definidamente em vista do nosso caso concreto, sem nos deixarmos desviar e sem malbaratar o tempo na atenção dada a trechos não-pertinentes.

Quanto à seleção das leituras, há três condições que não se pode perder de mira: o livro precisa ser de fácil obtenção no meio em que estamos; é indispensável uma convicção bem clara do seu valor e utilidade; e a informação que dele queremos extrair deve achar-se facilmente depreensível, em vez de emaranhada numa orientação inteiramente estranha à marcha que nos cabe seguir.

5. O conhecimento do auditório

Chegamos agora ao segundo fator externo que destacamos nos prolegômenos de uma exposição; a necessidade dela adaptar-se aos que vão ouvi-la e ao ambiente em que vai ser dita.

É de máxima importância conhecer as espécies de pessoas que vamos ter diante de nós. A sua cultura, a sua classe social, os seus interesses vitais são diretrizes no planejamento da exposição. São ainda elementos de segurança para o domínio satisfatório sobre o auditório. O expositor previamente informado neste sentido está a salvo de ter surpresas, capazes de embaraçá-lo ou até inibi-lo; e, mesmo independente disso, fica assim mais atenuada a impressão de experiência nova e a reação nervosa que essa impressão sempre desperta.

Não é, da mesma sorte, despiciendo o conhecimento do lugar e da ocasião. Falar num recinto fechado, por exemplo, é uma situação muito diversa do que fazê-lo num pátio aberto, ou numa praça pública, onde os ouvintes estão sujeitos a fatos perturbadores ou dispersivos para a sua atenção. Neste particular, nunca são demais as minúcias. É grande ou pequeno o recinto? Tem ou não boa acústica? É um anfiteatro ou uma sala comum? Vamos subir a uma plataforma ou ficar em nível com os ouvintes? Tudo isso importa, quando mais não seja, numa preparação psicológica para a experiência que vamos ter.

É especialmente relevante saber se haverá outros oradores e, neste caso, qual o nosso número de ordem para falar. Se a nossa exposição vem depois de outras, convém ter uma idéia de cada uma delas, a fim de não repisar tópicos já suficientemente debatidos ou entrar em contradição implícita com coisas ditas anteriormente.

Muitas vezes impõe-se – é claro – contradizer proposições de outrem, com as quais estamos em radical desacordo. Mas é igualmente claro que o fato delas já terem sido enunciadas, momentos antes, muda as condições, em que nos achamos, para exprimir por nossa vez a nossa maneira de pensar.

Capítulo VI

A EXPOSIÇÃO ESCRITA

I. CARACTERIZAÇÃO

1. Caracteres próprios da exposição escrita

Já vimos como a linguagem escrita se apresenta "mutilada" em confronto com a linguagem oral. A conseqüência imperativa é que tem de ser mais trabalhada, porque os seus elementos ficam onerados com encargos de clareza, expressão e atração que na fala se distribuem de outra maneira.

Convém apreciar mais detalhadamente esses contrastes entre os dois tipos de linguagem.

Ressaltemos, antes de tudo, na exposição escrita a ausência daquela nota pessoal que espontaneamente decorre da figura física do expositor, das suas atitudes peculiares e do timbre da sua voz. Ora, através de palavras e fonemas, que são comuns a todos e coletivos, agrada sentir a personalidade nítida de quem os emite; a informação desumanizada, a "mensagem" anônima capta muito menos simpatia. Na linguagem escrita, a satisfação de tão natural exigência se carreia toda para as frases em si mesmas, e impõe com especial ênfase essa maneira sutil de utilizar os elementos gerais da língua, de acordo com um sentimento pessoal para dar ao conjunto o cunho estético que se chama *estilo*. Assim, o problema do estilo assume aí uma importância muito maior do que na exposição oral.

Talvez ainda mais digno de atenção é o desaparecimento da mímica e das inflexões ou variações do tom da voz, cujo papel expressivo apreciamos no capítulo II. A sua falta tem evidentemente de ser suprida por outros recursos.

É, neste sentido, que se torna altamente instrutiva a velha anedota, que nos conta a indignação de um rico fazendeiro ao receber de seu filho um telegrama com a frase singela – "mande-me dinheiro", que ele lia e relia emprestando-lhe um tom rude e imperativo. O bom homem não era tão néscio quanto a anedota dá a entender: estava no direito de exigir da formulação verbal uma qualidade que lhe fizesse sentir a atitude filial de carinho e respeito e de refugar uma frase que, sem a ajuda de gestos e entoação adequada, soa à leitura espontaneamente como ríspida e seca.

Note-se finalmente que na exposição escrita o jogo de pausas e cadências tem de ser recriado pelo leitor. Este trabalho é auxiliado pelos sinais de pontuação, mas nunca de maneira absoluta no que se refere à correspondência entre as pausas de suspensão rápida de voz e as vírgulas, porque por uma convenção tradicional as razões de ordem lógica interferem aí com as de natureza meramente rítmica.

Assim, a pontuação não é no papel uma contraparte cabal da distribuição dos grupos de força da comunicação falada, e constitui a rigor um caráter próprio da exposição escrita.

De tudo isso decorre a necessidade de uma técnica de formulação verbal *sui generis*. "Ninguém escreve como fala"; – observa a propósito o lingüista francês Vendryes – "Cada um escreve, ou pelo menos procura escrever, como os outros escrevem" (*Le Langage*, 1921, p. 389).

2. Caracteres psicológicos da exposição escrita

Detenhamo-nos agora noutro aspecto da exposição escrita: as condições psicológicas típicas em que temos de desenvolvê-la.

Não há diante de nós um interlocutor, ou, pelo menos, um ouvinte concreto. É uma situação até certo ponto artificial nas leis naturais da comunicação lingüística, porque sentimos instintivamente a necessidade da presença de alguém a quem nos dirigir, quando usamos da linguagem. É um estímulo que nos falta, quando apenas "falamos ao papel".

Mesmo numa carta, em que há um destinatário definido, o simples fato de não senti-lo diante de si pode ser desestimulante para o missivista, e é esta a causa secreta de tantas pessoas não gostarem de escrever cartas.

Ora, a exposição escrita *lato sensu* é a respeito ainda mais deficiente. Temos de dirigir-nos para o público em geral, ou, quando muito, para um público particular mas indeterminado e vago, em vez do auditório concreto que se nos apresenta numa exposição oral. O leitor tem sobre nós um efeito psicológico muito diverso do ouvinte, e precisamos habituar-nos a esta nova situação. Por outro lado, falta na exposição escrita um ambiente definido.

Quem fala está em contacto direto com os seus ouvintes; há um quadro natural, que é o traço de ligação entre um e outros. Mesmo numa transmissão radiofônica estabelece-se o elo da simultaneidade entre a enunciação e os que a recebem, e, na base dessa unidade no tempo, a imaginação cria uma tal ou qual unidade no espaço.

Já, ao contrário, na exposição escrita nós nos exprimimos num lugar e vamos ser lidos em outro. Ou mais precisamente: o ambiente não se integra em nossas palavras como elemento funcional. A comunicação lingüística desliga-se da ocasião e do espaço, o que é uma experiência nova a que a linguagem se tem de adaptar.

3. Caracteres estéticos da exposição escrita

Há, também, do ponto de vista estético, uma caracterização típica da escrita em confronto com a fala.

Vimos, no capítulo I, como o sentimento artístico é inerente nos homens e para ser eficiente a linguagem tem de satisfazê-lo. Na linguagem oral, concorrem para tanto, além da formulação verbal propriamente dita, a simpatia direta que inspire a figura do expositor, o agrado dos seus gestos e atitudes, o timbre da sua voz. Há aí condições positivas – ou negativas (é certo), se forem mal aproveitadas, mas que, de qualquer maneira, estão ausentes da exposição escrita. Nesta, todos os elementos estéticos têm de ser concentrados na própria formulação verbal; por isso há uma arte de escrever complexa e sutil, bastante diversa da arte de falar.

Acresce que a memória auditiva, que é a única a funcionar na apreensão de uma exposição oral, é instantânea e efêmera; e no afã de não perder palavras o ouvinte se fixa mais no conteúdo do que na forma propriamente dita das frases que ouve.

A situação do leitor é outra. Nele atua a memória visual coordenada com uma audição mental que os símbolos gráficos evocam. Nem em regra lhe falta lazer para deter-se em determinado passo e reencetar-lhe a leitura. Por um e outro motivo, está em condições de fazer uma análise de ordem estética, que seria praticamente impossível diante do fluxo incessante das palavras faladas. *Verba volant, scripta manent,* diziam os romanos; e o seu brocardo pode ser desviado para uma aplicação em que eles propriamente não cogitaram. As palavras enunciadas voam e passam no caudal dos seus sons, enquanto as escritas se gravam através dos olhos e permanecem diante do leitor para observação e exame.

Atente-se, finalmente, para a circunstância de que a linguagem escrita está em essência relacionada com a linguagem literária. Um livro técnico, uma monografia, um artigo de jornal ou de revista não são – nem devem procurar ser – literatura no sentido estrito do termo; mas a ela se ligam pelo cordão umbilical da sua natureza de trabalho escrito. Por consenso social não escapam de certas exigências de ordem literária.

Das considerações até aqui expedidas vale ressaltar as conclusões seguintes:

a) a apresentação visual agrava certos defeitos de formulação, e muitas incorreções, que passariam despercebidas no correr da fala, ganham relevo e "saltam aos olhos" no papel;

b) a frase, sem a ajuda do ambiente, da entoação e da mímica, tem de ser mais logicamente construída e concatenada;

c) pelo mesmo motivo, as palavras têm de ser mais cuidadosamente escolhidas, e impõe-se a questão da propriedade dos termos, de maneira aguda;

d) há o problema da pontuação, que é até certo ponto distinto da interpretação gráfica das pausas;

e) uma palavra muito repetida ou redundante torna-se particularmente afrontosa no processo da leitura;

f) certos termos e expressões, tidos como familiares e pouco literários, raramente se apresentam toleráveis na exposição escrita.

A esses requisitos se ajusta o problema da ortografia, que é tipicamente um problema de língua escrita, com as suas convenções em regra muito acatadas pelo consenso social. As grafias errôneas, às vezes irrelevantes em si mesmas, ganham vulto e importância, porque são tomadas como índices da cultura geral de quem escreve, mostrando nele, indiretamente, pouco manuseio de leituras e pouca sedimentação do ensino escolar.

II. A REDAÇÃO

1. Condições da redação

Há, portanto, como já foi salientado, uma arte de escrever – que é a redação. Não é uma prerrogativa dos literatos, senão uma atividade social indispensável, para a qual falta, não obstante, muitas vezes, uma preparação preliminar.

A arte de falar, necessária à exposição oral, é mais fácil na medida em que se beneficia da prática da fala cotidiana, de cujos elementos parte em princípio.

O que há de comum, antes de tudo, entre a exposição oral e a escrita é a necessidade da boa composição, isto é, uma distribuição metódica e compreensível de idéias.

Impõe-se igualmente a visualização de um objetivo definido. Ninguém é capaz de escrever bem, se não sabe bem o que vai escrever.

Justamente por causa disto, as condições para a redação no exercício da vida profissional ou no intercâmbio amplo dentro da sociedade são muito diversas das da redação escolar. A convicção do que vamos dizer, a importância que há em dizê-lo, o domínio de um assunto da nossa especialidade tiram à redação o caráter negativo de mero exercício formal, como tem na escola.

Qualquer um de nós senhor de um assunto é, em princípio, capaz de escrever sobre ele. Não há um jeito especial para a redação, ao contrário do que muita gente pensa. Há apenas uma falta de preparação inicial, que o esforço e a prática vencem.

Por outro lado, a arte de escrever, na medida em que consubstancia a nossa capacidade de expressão do pensar e do sentir, tem de firmar raízes na nossa própria personalidade e decorre, em grande parte, de um trabalho nosso para desenvolver a personalidade por este ângulo.

A arte de falar não é mais do que uma *mise-au-point* dos predicados obtidos e consolidados no exercício da atividade oral de todos os dias. A arte de escrever precisa assentar, analogamente, numa atividade preliminar já radicada, que parte do ensino escolar e de um hábito de leitura inteligentemente conduzido; depende muito, portanto, de nós mesmos, de uma disciplina mental adquirida pela autocrítica e pela observação cuidadosa do que outros com bom resultado escreveram.

2. Problemas da redação

Considerados deste ponto de vista, os problemas da redação se dividem primariamente em dois grupos: os essenciais e os secundários.

Os problemas essenciais são dois:

a) a composição, isto é, plano de redação;

b) a técnica de uma formulação verbal que dispense os elementos extralingüísticos e os elocucionais, só participantes da exposição oral.

Os problemas secundários são os que surgem dos caracteres estéticos da língua escrita. São mais fáceis para um ensino partido do professor, ou de um livro didático, por assim dizer – de fora para dentro. Mas dependem da solução dos problemas essenciais. Nenhum professor e nenhuma gramática conseguirão fazer escrever esteticamente bem a uma pessoa que ainda não sabe pensar em termos de língua escrita.

É uma espécie de escapismo, muito comum no ensino da redação, fixarem-se o professor e os alunos nos problemas secundários. Absurdamente, há até os que quase só se preocupam com a ortografia das palavras.

Capítulo VII

O PLANO DE UMA REDAÇÃO

I. CONSIDERAÇÕES

1. Objetivo deste capítulo

Não é possível ensinar a composição por meio de regras que baste mecanicamente aplicar. O plano da redação é inerente à capacidade do expositor e ao seu domínio do assunto; depende, antes de tudo, desses dois fatores.

Pode-se, porém, dar uma orientação às pessoas capazes e conhecedoras do que vão tratar, mas desarvoradas diante da exposição escrita pela falta de uma boa preparação na técnica deste tipo de linguagem.

2. Necessidade de um esquema

Para um bom plano de exposição escrita não é suficiente conhecer bem um assunto, que é sempre coisa muito ampla e suscetível de ser considerada de vários pontos de vista.

É preciso fixarmo-nos num determinado aspecto e trazer todos os outros, de que também queremos tratar, para o feixe luminoso assim formado. Do contrário, faltará unidade e organicidade ao nosso trabalho; faremos uma espécie de dicionário enciclopédico, com verbetes desarticulados entre si, e cuja finalidade estrita fica obumbrada. Tem-se, preliminarmente, de focalizar o assunto, examinando-o por um determinado ângulo. Com isso tomamos uma orientação e temos uma linha diretriz diante de nós.

Essa tomada de posição se concretiza com um esquema. Não é um índice de matérias nem uma simples enumeração do que se vai dizer. É um arcabouço, que vai amoldar sobre si a redação, da mesma sorte que os tecidos do corpo se amoldam sobre o esqueleto.

São assim lançados no papel os tópicos da exposição, por meio de expressões rápidas e abreviadamente indicativas, articulados entre si como deverão ficar no trabalho planejado. Corresponderão, respectivamente, aos capítulos, às secções, aos parágrafos, de acordo com a divisão que temos em mente.

O esquema tende, portanto, a ser um conjunto de chaves, à maneira dos chamados quadros sinóticos: divisões primárias, subdivididas em outras secundárias, e assim por diante. Mas não convém atermo-nos literalmente à feitura de um quadro. Esta preocupação leva insensivelmente a fazer-se do esquema uma finalidade em si, subordinando-se à sua disposição visualmente simétrica a disposição interna do que se tem a dizer, ao mesmo tempo que as limitações de espaço no papel embaraçam a enunciação clara e nítida de cada tópico.

É preferível, por isso, anotar os tópicos sem a regularidade estrita das chaves e subchaves, assinalando-se apenas a menor importância relativa de um em referência ao outro por um aumento de margem no papel e por um item convencional numérico ou alfabético (em regra, usa-se o algarismo arábico como subdivisão de um tópico com algarismo romano, a letra minúscula como subitem da maiúscula, e esta para indicar subordinação a um número).

As diversas expressões enunciativas dos tópicos devem, por sua vez, condensar a essência da matéria a que se referem. Com este objetivo, serão analíticas ou sintéticas, constituídas de uma frase longa ou reduzidas a um título incisivo, sem que haja a preocupação de fazê-las corresponder necessariamente às cabeças de capítulos, de secções, de parágrafos da exposição definitiva.

3. Finalidade do esquema

Antes de tudo, o esquema é feito para auxiliar e encaminhar o trabalho, e não deve transformar-se num empecilho da atividade mental subseqüente. Durante a sua execução e nas fases ulteriores, podem aparecer falhas de planejamento e impor-se a necessidade de acréscimos, supressões ou modificações.

O esquema ficará, portanto, ao nosso lado como um simples ponto de referência, sempre sujeito a alterações, interpolações e reduções durante todo o correr do nosso trabalho. É por natureza um instrumento provisório e precário.

II. AS PESQUISAS E A BIBLIOGRAFIA

1. As pesquisas

Como já se frisou em referência ao preparo da exposição oral, o conhecimento de um assunto nunca dispensa pesquisas intensas e metódicas. Elas se impõem ainda com mais acuidade quando se trata de uma obra escrita, sob a forma de livro, monografia ou artigo, cuja contribuição deve procurar ser definitiva.

Entretanto, essas pesquisas só devem vir depois da organização de um esquema, muito embora exijam nele em seguida mudanças de essência ou detalhe. A pesquisa anterior à fixação de um esquema torna-se necessariamente dispersiva e até, pois, perturbadora.

2. A bibliografia

Na exposição escrita, assumem uma importância preponderante as pesquisas que se referem às fontes bibliográficas. O trabalho escrito tem de fundamentar-se cuidadosamente noutros trabalhos escritos, como um elo do desenvolvimento dos estudos sobre a matéria. Mesmo que consubstancie as conclusões de uma experiência pessoal, precisa estear-se num conhecimento anterior, por sua vez consubstanciado nos itens bibliográficos de que se lançou mão. Do contrário, podemos prejudicar o nosso trabalho no seu caráter de contribuição ao assunto por um dos seguintes motivos, quando não por todos eles juntos.

1º) repisar coisas já suficientemente esclarecidas;

2º) tirar conclusões apressadas sobre uma experiência nossa, que uma experiência de outrem coloca na verdadeira perspectiva;

3º) avançar proposições que estão explícita ou implicitamente negadas alhures e que, portanto, é preciso debater e consolidar;

4º) deixar de relacionar as nossas conclusões com outras já assentes, que as nossas prolongam, confirmam ou ampliam.

A consulta bibliográfica, cuja necessidade é assim imperativa, deve satisfazer a três principais requisitos:

a) fornecer um conhecimento seguro do pensamento geral dos trabalhos utilizados;

b) pôr-nos em contacto com os tópicos essenciais de cada trabalho, particularmente pertinentes à nossa exposição;

c) dar-nos a possibilidade de utilizar de pronto estes dois tipos de conhecimentos e de fazer as citações diretas ou indiretas com precisão e rapidez.

O melhor meio para isso é organizar fichas, capitulando-as pelos autores ou pelo assunto, conforme se trate de matéria mais ou menos uniforme ou de matéria multiforme e ampla. De cada ficha devem constar – os dados bibliográficos (nome do autor, título da obra, data e lugar da edição ou número desta, e, se se trata de tradução, nome do tradutor, ou, na sua falta, uma indicação equivalente), uma súmula do trabalho, e os trechos que sentimos mais relevantes e a que vamos talvez ter de recorrer. Se temos facilidade de manusear o texto a qualquer momento, não é preciso fazer transcrições *ipisis litteris;* basta uma indicação rápida do pensamento e do lugar em que ele se acha.

Não é indispensável a leitura integral de todos os trabalhos. Mas devemos ler o bastante para nos esclarecer completamente o pensamento geral do autor e nos fornecer os dados particulares de que temos mister. As obras que já conhecemos devem ser novamente lidas ou, pelo menos, folheadas com atenção. Não confiemos em nossa memória, nem mesmo numa ficha antiga. Demais, um novo contacto com a obra é sempre estimulante e vantajoso.

3. A escolha das fontes bibliográficas

Ao contrário do que poderia à primeira vista parecer, raramente se impõe a necessidade de uma bibliografia cabal e exaustiva. Há muitos trabalhos que só têm um mero valor histórico e podem ser postos à margem, desde que a nossa exposição não seja, ou não contenha, uma história dos estudos sobre o assunto. Outros não trazem maior contribuição, e dizem imperfeitamente ou mal o que alhures está excelentemente tratado. Outros, enfim, são irrelevantes, quando não até prejudiciais, por falha ou erros de essência.

É, em verdade, uma tarefa muito delicada essa de escolher as nossas fontes bibliográficas e especialmente de saber dar o devido valor a cada trabalho consultado, colocando-os implicitamente em nosso espírito de acordo com a hierarquia a que fazem jus.

O nosso conhecimento do assunto atenua de muito – é claro – a dificuldade. Mercê dos estudos anteriores, já temos uma orientação geral a esse respeito: temos uma noção mais ou menos segura de quais são os trabalhos capitais, quais os autores dignos do maior apreço ao lado dos que são superficiais ou de nenhuma substância.

Complementarmente, devemos guiar-nos pela data de publicação, pelo nome prestigioso do autor entre os especialistas, pelas suas referências a outras obras que inspiram confiança.

Às vezes, num livro, o prefácio e o índice são altamente elucidativos. Este mostra a maneira por que foi abarcado o assunto; aquele dá-nos o propósito declarado da obra e muitas indicações indiretas sobre a capacidade e a visão intelectual de quem a escreveu.

Se por contingência da vida profissional temos de abordar matéria com que estamos pouco familiarizados, devemos partir da leitura de trabalhos clássicos e compendiados, de que já temos conhecimento ou de que obtemos informação junto a pessoas especializadas. Isso nos facultará uma tomada de posição em referência à bibliografia.

Nunca devemos, porém, prescindir de um esquema preliminar; porque sem o rumo que ele nos dá não poderemos sequer orientar-nos para as pesquisas bibliográficas necessárias.

III. A REDAÇÃO DEFINITIVA

1. Desenvolvimento do esquema

Para um trabalho escrito a divisão do assunto se apresenta com muita maleabilidade e muitas possibilidades de tratamento. Não obstante, persistem *grosso modo* os quatro tipos gerais de divisão que depreendemos para uma exposição oral: cronológica, lógica, psicológica e dramática, para manter as denominações então sugeridas.

Convém apenas ressaltar que, num livro ou numa monografia de certo fôlego, se torna especialmente apropriada a estruturação pelas relações lógicas, pois aí temos mais oportunidade e espaço para acompanhar o meandro caprichoso dos fatos e cingi-los num quadro racional; podemos, por exemplo, abrir um parágrafo, uma seção ou um capítulo, aparentemente solto no conjunto e até digressivo, na segurança de que, no correr da exposição, se fará o reatamento e tudo se enquadrará na devida perspectiva com a visão ampla final.

O esquema, assim concebida uma determinação diretriz, deve ser desenvolvido numa redação ainda preliminar, que é o rascunho.

É aí que fixamos propriamente o teor da exposição. Atribuímos a cada divisão do trabalho o seu conteúdo essencial; estabelecemos a gradação e ligação das diversas partes; escolhemos uma apresentação adequada, adotando capítulos corridos e indivisos ou cuidadosamente seccionados; desenvolvemos uma redação de frases completas e encadeadas; enfim, executamos um trabalho cabal quanto ao pensamento e sua formulação, sem cogitar ainda daqueles problemas secundários da linguagem escrita, tais como se definiram no capítulo VI.

Uma vez lançado o rascunho no papel, convém lê-lo repetidamente e atentar em tudo aquilo, quanto às idéias e à sua expressão nítida, em que ainda se sente insegurança ou possibilidade de aperfeiçoamento. A redação definitiva irá constituindo-se aos poucos através de enxertos, supressões e mudanças de conteúdo.

2. A redação definitiva

Uma redação completa surge assim da revisão, muitas vezes feita, do rascunho. Com ela diante de nós, podemos então encetar a redação que deve ser definitiva, com a consideração posta nos problemas de gramática, de escolha de vocábulos, de harmonia e efeito estético das frases. É um verdadeiro novo escrito, antes do que a rigor o rascunho passado a limpo.

E mesmo uma pessoa altamente exercitada em escrever não deve ainda ver nisso seu trabalho final. Porá o espírito à vontade em referência a certos detalhes formais que, dignos de cuidado embora, ficarão para revisões posteriores e não a desviarão, nessa altura, dos problemas mais básicos. É quase inútil salientar que no rol desses detalhes se incluem naturalmente as pequenas dúvidas de ortografia.

O trabalho da redação obedece assim ao modelo dos círculos concêntricos: do esquema passa-se para o rascunho, do rascunho para uma redação propriamente dita, e esta, ampliada e trabalhada paulatinamente, chega a uma forma definitiva.

Evita-se destarte o mal que os norte-americanos chamam de *frozen pencil*, quando diante do papel em branco sentimos que as palavras não nos ocorrem, e, para cada uma que conseguimos escrever, corresponde um penoso esforço introspectivo, em que duvidamos dela e de nós. É que nos falta então uma orientação inicial definida – a que dá o esquema, e uma visão do conjunto preliminar – a que se concretiza no rascunho, ao mesmo tempo que se nos antolha toda sorte de problemas de detalhes numa fase em que só nos deveria preocupar o problema básico da consolidação do pensamento e da sua formulação verbal adequada.

3. Apresentação gráfica da exposição

Resta aludir rapidamente à apresentação gráfica da exposição.

A sua importância é maior do que poderia parecer à primeira vista, porque a distribuição do texto no papel concorre para tornar a leitura mais fácil e mais atraente.

Assim, prejudica a atração do texto o uso contínuo de longos e compactos parágrafos e o de extensos capítulos sem subdivisões, onde os olhos não conseguem deter-se e repousar nas demoradas "pausas visuais" dos espaços em branco. É também de mau efeito o excesso de palavras em grifo, em itálico, em versalete, em capital, embora às vezes não se possa evitar o grifo ou o itálico para caracterizar palavras estrangeiras, ou assinalar citações, ou frisar a importância de determinada palavra ou expressão na frase, e o versalete ou capital para nomes de autores, quando pela natureza do trabalho é de interesse citá-los documentadamente e com nitidez.

A facilidade da leitura, por sua vez, depende muito de um metódico sistema de notas e referências. É pouco aconselhável remeter para elas informações abundantes, que é sempre possível incluir no próprio texto; como pouco aconselhável é igualmente suprimi-las ou reduzi-las de tal maneira que o texto fique, em compensação, sobrecarregado de parênteses ou elucidações entre vírgulas, com prejuízo da sua unidade de conjunto.

Em resumo: a apresentação gráfica deve ser leve (sem parcimônia de parágrafos; e com espaçamentos de entrelinhas, marcados com subtítulos, numeração ou asteriscos, aliviando uma longa exposição seguida); tanto quanto possível não deve haver abuso de tipos especiais que quebrem a homogeneidade das letras na página; e as notas de referência devem ser sucintas e dedicadas a informações realmente marginais. A colocação dessas notas embaixo da página, no fim de cada capítulo ou no fim do trabalho, deve depender principalmente do seu número e volume: a primeira disposição é a mais cômoda, em princípio, mas se torna inconveniente, quando as notas quase açambarcam a página e deixam para o texto um espaço desproporcionadamente pequeno.

Capítulo VIII

A ESTRUTURA DA FRASE

I. A CONSTITUIÇÃO DOS PERÍODOS

1. O período

Por este nome entende-se na língua escrita uma frase simples ou complexa, curta ou longa, que se separa de outras pelo sinal gráfico chamado *ponto* (.). A caracterização visual, determinada pelo ponto e pela letra maiúscula com que a frase se inicia, corresponde:

a) no plano intelectual a um pensamento suficientemente desenvolvido e concluso para ser inteligível sem maior auxílio da frase precedente ou da seguinte;

b) no plano da elocução a uma enunciação contínua, apenas cortada por pequenas pausas de voz em suspenso e encerrada por uma pausa bem definida.

Os períodos contêm, portanto, em princípio, um pensamento complexo, isto é, um pensamento que, relacionando-se embora a outros anteriores e prolongando-se ou ampliando-se em outros seguintes, é, não obstante, suficiente por si mesmo para "formar sentido" de maneira satisfatória.

Se esse pensamento é uno, integra-se no que se chama uma oração, e o período é simples. Pode-se também ter, entretanto, duas ou mais orações num só período, que então consiste numa articulação de pensamentos, da mesma sorte que de uma articulação de ossos resulta um braço, uma caveira, uma caixa torácica.

Dentro de certos limites, é possível expressar dois ou mais pensamentos, sem essa articulação estreita, em dois ou mais períodos simples, ou, noutra alternativa, conjugá-los na unidade complexa de um só período mais longo. Daí resultam duas tendências para a formulação verbal:

a) a dos períodos simples e curtos;

b) a dos períodos longos e compostos.

A primeira predomina na linguagem moderna; a segunda era a dos grandes escritores latinos, imitados pelos autores portugueses clássicos dos séculos XVI e XVII e por alguns mais recentes.

2. A articulação no período

Os pensamentos que se articulam num período composto podem criar entre si quatro espécies de ligação:

a) concatenação pura e simples;

b) contraste;

c) explicação;

d) subordinação em geral.

Nos casos a, b e c essa ligação pode ficar implícita entre as orações ou ser expressa por uma partícula.

Assim, a concatenação pura se torna explícita pela partícula *e*; o contraste por *mas* e algumas outras partículas; a explicação, principalmente, por *pois, porque* e *porquanto*.

Essas três primeiras espécies de ligação de pensamento, ditas de coordenação, não estabelecem uma coesão íntima, e as orações assim relacionadas podem muitas vezes formar períodos distintos, até com a faculdade de conservar a partícula intermediária, que passa a abrir um período. Há mesmo certas partículas especialmente próprias para coordenar um período com outro: *demais, além disso* (concatenação); *entretanto, todavia, não obstante* (contraste); *com efeito* (explicação); etc.

Já a subordinação pressupõe normalmente um período único e a presença sistemática de uma partícula (*que, quando, enquanto, embora*, etc.) ligando à oração de pensamento central, ou oração principal, a que lhe é subordinada.

3. A técnica do período curto

A separação dos pensamentos mais ou menos conjugados em períodos curtos e distintos tem a vantagem de apresentá-los de uma maneira gradual à compreensão. O leitor faz a consolidação do que lê e o ouvinte do que ouve, na pausa de um período a outro. Se o período é longo e complexo, é preciso um trabalho de análise do conjunto, a qual exige tensão mental e resulta em cansaço. Os períodos curtos vão oferecendo por si mesmos essa análise, e a compreensão se faz com muito menos esforço.

Ora, a técnica para a formulação de períodos curtos reside em separar com inteligência as orações coordenadas e evitar as subordinações mais aparentes do que reais, para não incidir em composição de um período emaranhado e complexo.

Procuremos aplicar a doutrina ao seguinte trecho de um velho cronista do século XVII:

> "Posto que o governador Mem de Sá não estava ocioso na Bahia, não deixava de estar com o pensamento nas coisas do Rio de Janeiro, e assim, sacudindo-se de todas as mais, aprestou uma armada, e com o bispo D. Pedro Leitão, que ia visitar as capitanias do sul, que todas naquele tempo eram da sua diocese e jurisdição, e com toda a gente que pôde levar desta cidade, se embarcou e chegou brevemente ao Rio, onde em dia de S. Sebastião, vinte de janeiro do ano de mil quinhentos e sessenta e sete, acabou de lançar os inimigos de toda a enseada, e os seguiu dentro de suas terras, sujei-

tando-os ao seu poder e arrasando dois lugares em que se haviam fortificado os franceses, posto que em um deles, que foi na aldeia de um índio principal, lhe feriram seu sobrinho Estácio de Sá de uma mortífera flechada, de que depois morreu" (*Antologia Nacional*, cit., p. 267).

Se analisarmos este longo período, de Frei Vicente do Salvador, depreendemos pensamentos distintos, que se acham, desnecessária e até artificialmente, jungidos num bloco único:

1º) Mem de Sá estava atarefado na Bahia, mas preocupava-se com a situação no Rio de Janeiro (dois pensamentos adversativos, que já podem constituir um período).

2º) Mandou aprestar uma esquadra e partiu para o Rio de Janeiro (pensamento que decorre da 2ª afirmação do 1º grupo).

3º) Foi com ele o bispo D. Pedro Leitão em visita diocesana (pensamento independente dos anteriores).

4º) Chegou ao Rio de Janeiro em breve (mera seqüência dos grupos 1 e 2).

5º) No dia de São Sebastião conseguiu expulsar os franceses de toda a enseada (ainda um pensamento em seqüência, mas culminante e para que se imporia nitidamente um período especial).

6º) Perseguiu o inimigo terra a dentro e desalojou-o de dois lugares no interior (informação complementar à do grupo 5).

7º) Num desses lugares foi ferido o sobrinho do governador, Estácio de Sá (pensamento a rigor novo e que só se liga aos anteriores como um episódio muito importante no quadro geral da luta).

8º) Estácio de Sá morreu posteriormente dessa flechada (seqüência culminante do grupo 7).

É fácil ver como os itens assim analisados se prestam a constituir períodos autônomos, num conjunto mais claro e harmonioso e até muito mais lógico.

A técnica dos períodos curtos é, além de tudo, vantajosa para o expositor, evitando que ele se embarace no meandro das frases que no período longo se cortam e entrelaçam. O perigo é mais agudo na exposição oral, onde se torna difícil manter clara a lembrança do que acaba de ser dito, e uma pausa franca permite recapitulá-lo mentalmente e rapidamente formular um pequeno período seguinte.

4. Subordinação por oração reduzida

A subordinação de uma oração a outra pode ser expressa pelo uso do verbo numa das chamadas formas nominais em vez de uma forma verbal estritamente dita com partícula subordinativa: infinitivo, gerúndio, particípio passado. A subordinação fica assim muito mais intensa. No caso do infinitivo, não se chega até em regra a sentir a existência de uma oração distinta: uma frase como *vi-o sair* é praticamente uma unidade indivisível, ao passo que há certa disjunção de pensamento em – *vi que ele saía.*

Justamente por isso o uso da oração reduzida torna-se de mau efeito quando a subordinação real não é bastante forte para justificá-la.

As orações reduzidas de gerúndio prestam-se a esse mau emprego, que ainda mais se agrava quando se subordina um gerúndio a outro gerúndio.

5. Construção psicológica da frase

Pelo enlace subordinativo concatenam-se as orações nos moldes de um raciocínio verbal rigorosamente desenvolvido. Mas há, paralelamente, a possibilidade de uma construção que podemos chamar psicológica. Aí, as idéias de maior interesse se apresentam destacadas e aparentemente soltas da trama lógica, sob o aspecto de perguntas e exclamações.

Usado com habilidade e sem exagero, esse meio de formulação verbal alivia a exposição e a tensão de espírito do ouvinte ou do leitor.

Lingüisticamente, o resultado é ficar rompido um período composto por subordinação, exprimindo-se um pensamento, imanentemente de caráter subordinado, numa frase autônoma interrogativa ou exclamativa.

É interessante apreciar o processo em funcionamento sob a pena de um mestre da palavra.

Alexandre Herculano, nos *Opúsculos*, para nos dizer em essência – não creio que houvesse ou haja hoje um democrata mais virulento do que Hildebrando[9], opta por uma formulação em que o pensamento, objeto dessa crença, surge em primeiro lugar numa pergunta independente e a sua convicção a respeito se concretiza em incisiva e imediata resposta: "Houve, há hoje um democrata mais virulento do que Hildebrando? Não o creio" (Vol. III, p. 52; 1886).

Analogamente, para afirmar que – o direito de propriedade literária não aproveita a um jovem pobre e idealista que se inicia como escritor – põe a idéia sujeito numa exclamação isolada, a que se segue uma pergunta enfática com a resposta sugerida em seus próprios termos: "O direito de propriedade literária! Que aproveita esse direito a um mancebo desconhecido, em cuja alma se eleva a santa aspiração da arte ou da ciência e para quem, no berço, a fortuna se mostrou avara?" (Vol. II, p. 85; 1880).

II. A ANÁLISE LÓGICA

1. Sua aplicação e finalidade

A análise mental que evidencia a relação entre a frase e os pensamentos por ela expressos tem o nome tradicional de análise lógica: *análise*, porque se trata de uma decomposição da enun-

9. É o famoso Papa do século XI, Gregório VII; que abriu contra a Coroa Germânica a Luta das Investiduras.

ciação e da atividade mental correlata; *lógica*, porque se concentra no exame da expressão verbal (grego – lógos: palavra).[10]

É de vantajosa aplicação nas manifestações da linguagem conseqüentes de um raciocínio, como nas exposições orais e escritas de que cogita este Manual. Torna-se, ao contrário, um meio impróprio de análise para tudo que dizemos sob o impulso quase exclusivo das nossas volições e emoções, sem o apoio de um trabalho mental elaborado e consciente.

Por meio dessa técnica de observação podemos executar duas tarefas:

a) decompor um período composto nas suas orações simples, de par com a decomposição do pensamento complexo que aí se consubstancia (separação e classificação das orações);

b) decompor uma oração nos elementos verbais que racionalmente a constituem (análise da oração).

A boa formulação das frases, numa exposição oral ou escrita, depende muito da capacidade de manter presentes no espírito esses dois tipos de análise, como duas pautas sobre as quais se desenvolvem espontaneamente os elementos verbais formulados.

2. A análise lógica como fundamento do uso das vírgulas

A vírgula, na escrita, expressa menos as pausas naturais da correspondente enunciação oral, do que as relações lógicas no interior da frase.

A sua primeira e grande finalidade é indicar a separação das orações no período, indicando também em conseqüência a ligeira pausa que assim se estabelece.

---

10. Como o raciocínio é, por sua vez, apreciado através de sua expressão verbal, chamou-se substantivamente *lógica* à parte da filosofia que ensina a bem raciocinar.

Por isso, marca-se com vírgula:

a) o fim de uma oração, logo seguida de outra sem partícula de ligação: "Posto que o governador Mem de Sá não estava ocioso na Bahia, não deixava de estar com o pensamento nas coisas do Rio de Janeiro;

b) o começo de uma oração que no meio do período se abre por uma partícula coordenativa ou subordinativa: "Acabou de lançar os inimigos de toda a enseada, e os seguiu dentro de suas terras";

c) o começo de uma oração reduzida de gerúndio ou também de particípio passado: "... os seguiu dentro de suas terras, sujeitando-os ao seu poder";

d) o começo e o fim de uma oração intercalada em outra, cujos elementos constitutivos ficam por ela separados: "Em um dos lugares, que foi na aldeia de um índio principal, lhe feriram seu sobrinho Estácio de Sá".

No caso b) omite-se a vírgula de separação, se a segunda oração está intimamente entrosada na anterior; especialmente dois verbos seguidos, ligados por *e*, ou certas orações com a partícula *que*, correspodentes em última instância a um nome ou expressão nominal; exs.: "Parou e voltou rapidamente" – É preciso que todos me ouçam (isto é, – É preciso a atenção de todos)".

Dentro de uma oração, é descabida a vírgula que, embora no fim de um grupo de força, separaria o sujeito do seu verbo, o verbo de um seu complemento.

Podemos dizer, aliás, que dentro da oração só se admite a vírgula com dois objetivos:

a) separar palavras ou expressões da mesma categoria (particularmente substantivos e adjetivos) postas em série e não ligadas por *e*: "Integram-se em ti o talento, a honradez, a bondade";

b) assinalar certos advérbios ou expressões adverbiais que para efeito de ênfase ou clareza se destacam na enunciação oral por uma ligeira pausa de início e outra no fim: "O sertanejo é, antes de tudo, um forte".

É uma habilidade saber utilizar as possibilidades do caso b) para longo enunciado escrito, correspondente a uma só oração, aliviando-o com vírgulas que permitam o repouso na leitura e a melhor apreensão do sentido.

3. Os elementos da oração

A análise de uma oração põe em evidência o verbo. É ele a rigor o núcleo dessa pequena unidade lingüística. Em volta dele, temos em regra geral um sujeito com que ele concorda em pessoa e número, e certos complementos com idéias elementares, que se combinam à do verbo para formar outra mais complexa.

A boa formulação da oração depende da eficiência com que sentimos quase instintivamente estes seus três elementos verbais. É uma capacidade que se torna particularmente importante numa língua como a portuguesa, em que não há para eles uma ordem preestabelecida e fixa. Acresce que a oração pode ser cortada por outra, incidente, depois da qual é preciso retomar o fio dos elementos assim interrompido.

Capítulo IX

A ORTOGRAFIA

I. CONSIDERAÇÕES GERAIS

1. Finalidade da ortografia

A ortografia é um problema marginal da língua escrita.

A sua importância está em permitir-nos pela leitura dos símbolos gráficos reproduzir mental ou oralmente os sons de que se compõem as palavras. Secundariamente, a forma visual que a palavra assim assume concorre para fazer-nos reconhecê-la e auxilia a evocação dos seus sons ou fonemas.

É evidentemente indispensável um sistema gráfico único para se conseguir essa dupla finalidade. Dentro de uma unidade de linhas gerais, há, entretanto, dois critérios possíveis:

a) um sistema um tanto elástico, fixando apenas os princípios da ortografia;

b) um sistema rígido e minucioso imposto pelo governo do país.

Até 1931 a ortografia no Brasil era do primeiro tipo. Havia uma elasticidade que se manifestava por certa incoerência na escolha das letras e por certa liberdade na grafia de várias palavras.

Em 1931 adotou-se o tipo de sistema rígido, pautado pelo que vigorava em Portugal desde 1912. Resultou de um acordo com os portugueses, e as suas linhas gerais ficaram fixadas definitivamente.

Houve, não obstante, marchas e contramarchas em questões de detalhes. Atualmente segue-se o que está firmado no *Pequeno Vocabulário Ortográfico* da Academia Brasileira de Letras (1943). É verdade que a própria Academia fez modificações posteriores, de acordo com a Academia de Ciências de Lisboa, publicando um *Vocabulário Resumido da Ortografia Portuguesa* (1945), que o Governo Brasileiro, porém, não mandou adotar.

Assim, em português, vigora em princípio um sistema rígido, mas com detalhes controvertidos entre Portugal e o Brasil. As ortografias, usadas num e noutro país, só concordam em suas linhas gerais.[11]

2. Erros graves de ortografia

Os erros intrinsecamente graves em matéria de ortografia resumem-se em dois grupos:

a) erros que revelam o desconhecimento do valor das letras;

b) erros na grafia de palavras fixadas já muito antes de 1931.

a) Os do grupo a) só se verificam evidentemente na escrita de pessoas apenas semi-alfabetizadas.

b) O erros do grupo b) põem em evidência pouca prática da leitura e da língua escrita, e o público tende, por isso, a tirar daí conclusões desfavoráveis sobre a cultura geral de quem os comete. Decorrem muitos deles de falsas associações. É preciso muito cuidado, por exemplo, com palavras como – *exceção*, onde não há relação com *excesso*, *privilégio*, onde não há o prefixo *pre-*, mas ao contrário o radical de *privar*, *repuxo*, cujo radical é o mesmo de *puxar*, *viagem*, onde temos o mesmo sufixo – *agem de coragem*, *selvagem*, etc., *espontâneo*, onde não há o prefixo *ex* – e sim o radical do latim *sponte*, e pelo

11. A Lei 5.765, de 18-12-1971, introduziu alterações na ortografia em vigor, como: a abolição do acento circunflexo diferencial no *e* e *o*.

mesmo motivo *esplêndido* (latim *splendere*) e *estranho* e *estrangeiro* (decorrentes do latim *straneum*).

Os erros que pecam apenas contra as linhas gerais do sistema vigente desde 1931 são menos comprometedores, mas também revelam, pelo menos, falta de ambientação na língua escrita atual e condenável desleixo em procurar ficar em dia com ela.

É útil, portanto, recapitularmos aqui essas linhas gerais, definitivas, onde não há conflito entre o Pequeno Vocabulário de 1943 e o Vocabulário Resumido de 1945.

II. LINHAS GERAIS DA NOSSA ORTOGRAFIA

1. Simplificação do alfabeto

A ortografia atual limita-se ao alfabeto latino de 24 letras.

Desapareceu assim o emprego do *w*, que é uma letra germânica, com valor de /u/ em palavras de origem inglesa e de /v/ em palavras de origem alemã; daí, escrever-se hoje *uísque* (inglês *whisky*), *talvegue* (alemão *Talweg*, isto é, linha do vale).

Suprimiu-se igualmente o *k*, que é adaptação de uma letra grega muito cedo abandonada em latim e apenas de uso tradicionalmente firmado nas línguas germânicas. Em seu lugar, adota-se *c*, diante de *a*, *o*, *u*, e *qu*, diante de *e*, *i*; assim, tem-se *quilo*, *quilograma*, *quilômetro* etc., embora na anotação abreviada convencional se conservem as formulas *kg.*, *km.* etc.

Foi banido também o emprego do *y*, letra adaptada de uma letra grega em latim para os grecismos e utilizada pelos jesuítas para transcrever um /i/ peculiar das palavras do tupi: *miosótis* (lat. *Myosotis* do grego – *mys* rato, isto é, orelha de rato), *tupi* (transcrição dos jesuítas – *tupy*).

Essas três letras só se mantêm em casos excepcionais, como sejam certas palavras derivadas de nomes próprios históricos estrangeiros: *kantismo* (filósofo alemão Kant), *byronismo* (poeta inglês Byron), *watt* e daí *quilowatt* (físico escocês Watt).

Finalmente desapareceu o uso esporádico do *h* para indicar separação silábica entre duas vogais contíguas, passando-se a grafar – *baú, baía, Piraí* etc.

2. Simplificação de grupos de letras

Antes de 1931, usavam-se letras dobradas em muitas palavras que eram assim grafadas em latim, onde havia uma diferença de pronúncia entre a letra dobrada e a letra simples, da mesma sorte que ainda há em italiano. Esses grupos de geminação (com letras gêmeas ou iguais) foram sistematicamente simplificados, quando não representam em português uma articulação típica.

Foram, portanto, banidos os *pp, tt, ff, ll, mm, nn* geminados; ex.: *apelar, atento, ofício, belo, imenso, inato* (lat. *appellare, attentum, officium, bellum, immensum, innatum*); do mesmo modo simplificou-se para *c* o *sc* inicial: *ciência* (latim *scientia*).

Conservaram-se, ao contrário, entre vogais, os *ss*, para indicar som de /s/, distinto do *s* simples com som de /z/, e os *rr*, para indicar /r/ forte, distinto do *r* simples, que entre vogais é brando; cf. *assa* ao lado de *asa, erra* ao lado de *era*.

Também se suprimiu o *h* como segundo elemento de um par de consoantes, que se empregava em latim em palavras, decorrentes do grego, onde se tinha um som consonantal aspirado; assim, escrevemos hoje *t* simples em vez de *th*, em tese, *f* em vez de *ph* em física, e, em vez de *ch*, *c* em caos e *qu* em química.

Só persistem na nossa ortografia três grupos consonantais com *h*, e historicamente diversos daqueles outros, pois em latim não figuravam nem eles nem o som correspondente: *lh* e *nh*, respectivamente para o /l/ e o /n/ palatizado ou molhado; *ch*, para um som palatizado ou chiante; ex.: *malha* (cf. *mala*), *penha* (cf. *pena*), *acho* (cf. *aço*).

3. Seleção de letras equivalentes

Com toda essa sistematização e simplificação, ficaram ainda símbolos gráficos com som equivalente, sempre ou numa posição determinada; lêem-se da mesma sorte os pares de sílabas; *se* e *ce* (ou *si* e *ci*), *so* e *ço* (ou *sa* e *ça*, *su* e *çu*), *che* e *xe* ou com outra vogal, *ge* e *je* (ou *gi* e *ji*), bem como entre vogais *s* e *z*.

Para fazer-se a seleção entre eles, adotou-se um rígido critério histórico, servindo de modelo a forma originária latina, de acordo com o seguinte esquema:

1) Para o som de /s/;
lat. *c*, *t* – port. *c* (ou *z* em fim de palavra);
lat. *s*, *x* – port. *s*;
exs.: *vez* (lat. *vice*), *quis* (lat. *quaesi*), *sossegar* (lat. *sessicare*), *ânsia* (lat. *anxia*); *sufixo* – *ês* (lat. *ensem*); donde *português*, *cortês* etc.

2) Para o som de /z/ entre vogais:
lat. *c*, *t*, *d*, *z*, - port. *z*;
lat. *s* – port. *s*;
exs.: *trezentos* (lat. *trecentos*), *prezar* (lat. *pretiare*), *gozo* (lat. *gaudium*), *presa* (lat. *prensa*): e portanto *surpresa*, *represa*, *empresa*; sufixo – *izar* (lat. *izare*), donde *batizar*, *civilizar* etc.

3) Para escolha entre *ch* e *x*:
lat. *cl*, *pl*, *fl* – port. *ch*;
lat. *x*, *s*, *sc* – port. *x*;
exs.: *chave*, *chuva*, *chama* (lat. *clavem*, *pluvia*, *flama*), *luxo* (lat. *luxu*), *puxar* (lat *pulsare*), *mexer* (lat. *miscere*).

4) Para a escolha de *g* ou *j* diante de *e* ou *i*:
lat. *g* – port. *g*;
lat. *j* (a rigor *i* consoante), *di* – port. *j*;
exs.: *angélico* (lat. *angelicum*), *majestade* (lat. *majestatem*, a rigor *maiestatem*), *hoje* (lat. *hodie*), *jeito* (lat. *jactum*, a rigor *iactum*).

Às vezes, a letra originária latina, em regra com o som originário, existe ainda numa palavra portuguesa da mesma família. Assim, temos ao lado de – *vizinho*, *vicinal*; *prezar*, *preço* e *apreciar*; *mês*, *mensal*; *puxar*, *pulsar*; *mexer*, *misci-*

genação; *trezentos*, *trecentésimo*, *jeito*, *jacto*, *hoje*, *hodierno*; como ao lado do sufixo *-ês* (ex.: *francês*) a sua outra forma – *ense* (cf.: *parisiense*).

Nas palavras de origem não-latina procurou-se estabelecer um critério histórico paralelo. Por isso, de acordo com determinadas letras árabes, adota-se entre inúmeros exemplos *c* em vez de *s*; *z* em vez de *s* entre vogais ou final, *j* em vez de *g* (diante de *e* ou *i*), *x* em vez de *ch*; em *açucena*, *açúcar*, *giz*, *laranjeira*, *alfanje*, *paxá*. Nas de origem alemã o *z* alemão passa a ser representado por *c* (Suíça, radical alemão *Switz*, que entra em *Switzerland*); e nas de origem inglesa o *sh* fica transcrito por *x* (*xerife*, aportuguesamento de *sheriff*). A proveniência africana ou índia é a razão da preferência de *x* a *ch*; e de *j* a *g* diante de *e* ou *i* em *xará*, *xangô*, *jibóia*, *jiló*.

4. Distinção gráfica entre homônimos

Esse critério histórico cria, em conseqüência, distinções gráficas entre homônimos de origem diversa: *massa* (pasta e termo de física) e *maça* (bloco ou uma espécie de machado; com os derivados *macete*, *maciço*, *maçudo*); *concerto* (combinação em geral, ou conjugação de dois ou mais instrumentos musicais) e *conserto* (ato de recompor o que se estragou); *chácara* (amplo terreno plantado) e *xácara* (cantiga popular portuguesa); *em vez* (em lugar) e ao *invés* (ao contrário).

Às vezes surgem daí dificuldades e soluções um tanto especiais. Assim, *massa* no sentido de povo é com *ss*, porque a origem do emprego está na linguagem figurada dos doutores da Igreja, que comparavam o povo à massa ou pasta do pão ou do barro em que é preciso trabalhar.[12] *Conselho*, no sentido de assembléia, pareceria dever ser com *ce* (lat. *concilium*), mas a idéia de aconselhar o rei, que era o papel precípuo de uma

---

12. Cf. B.B. Migliolini, *Língua e Cultura*, Tumminelli, Itália, 1948, p. 18-9, assim Santo Agostinho diz que a humanidade é "a massa do pecado".

assembléia de notáveis outrora, foi julgada suficiente para justificar a grafia com *se* (lat. *consilium*); e a forma *concelho* ficou exclusivamente reservada para designar uma divisão administrativa em Portugal.

Por outro lado a distinção gráfica é mera conseqüência acidental de uma forma diversa originária, e não vigora, como se poderia pensar, para sistematicamente diferençar os homônimos; por isso, temos uma mesma grafia *pus* para o substantivo e a forma verbal (respectivamente, lat. *pus* e *posi* em vez de *posui*).

5. Representação dos ditongos

Há em português onze ditongos orais decrescentes, isto é, emissões, na mesma sílaba, de uma vogal tônica seguida de outra auxiliar, que soa sempre /i/ ou /u/. Antes de 1931, em desatenção ao verdadeiro valor dessa vogal auxiliar, muita gente a grafava com *e* ou *o*, respectivamente, quando a vogal tônica era aberta.

Hoje, ao contrário, ficou assente a grafia sistemática com *i* ou *u*, conforme o caso, indicando-se por um acento agudo (´) o timbre aberto do /e/ ou do /o/ tônicos, que sem isso poderiam ser lidos como fechados; exs.: *pai, mau, papéis, fazeis, céu, seu, herói, boi* (exemplos dos três restantes ditongos são – *dou, viu, fui*).

Já nos ditongos ditos nasais (sobrepostos de um til – (~) na escrita) a vogal auxiliar é representada por *e* ou *o*; *mãe, põe, mão*.

III. ACENTUAÇÃO GRÁFICA

1. Acentos gráficos em português

Usam-se tradicionalmente em português três acentos gráficos com os seguintes valores:

a) grave (\`) para indicar vogal aberta que não é tônica (normalmente a vogal que não é tônica é fechada);

b) agudo (´) para vogal aberta tônica;

c) circunflexo (^) para vogal fechada tônica.

Esses sinais eram usados numa ou noutra palavra, assistematicamente. A ortografia atual, ao contrário, criou para o seu emprego critérios rígidos, que têm sido refeitos várias vezes. Ficaram, entretanto, definitivamente fixadas algumas regras, que aqui se passam a expor.[13]

2. Emprego do acento grave

Este sinal está reservado para a partícula *a*, quando ela representa a combinação ou crase da preposição *a* com o artigo feminino *a* (ou seu plural *as*) e para o *a* inicial de *aquele, aquela* (ou seu plural *aqueles, aquelas*) quando com ele se contrai a preposição *a*. Em conseqüência da crase, a vogal soa neste caso aberta, embora não seja tônica.

No Brasil há a este respeito duas tendências de pronúncia, que perturbam o uso correto do acento grave:

1º) emitir sempre a partícula átona *a* com timbre fechado, mesmo quando ela é crase da preposição com o artigo feminino;

2º) para efeito de ênfase, dar certa acentuação e conseqüente timbre aberto à preposição *a*, quer isolada, quer em crase com o artigo feminino.

A primeira pronúncia leva a omitir o acento grave na partícula que resulta da crase. A segunda tendência induz a colocar-se acento grave mesmo quando se trata de preposição *a* isolada.

Na falta de uma correspondência firme entre a elocução usual brasileira e o emprego gráfico estabelecido de acordo com Portugal, só a análise lógica resolve em última instância as nossas dúvidas.

---

13. Ver a nota 11 da p. 82.

Entretanto, pode-se dar para isso as seguintes regras práticas:

1º) Nunca acentuar a partícula diante de nome masculino, de verbo no infinitivo, dos demonstrativos *esta*, *essa* e do artigo indefinido *uma*, *umas* (ou outros indefinidos como *cada*, *alguma*, *qualquer*), porque em todos esses casos se trata da preposição simples: *andar a cavalo*, *recusar-se a combater*, *dirigir-se a uma frente de combate* ou *a esta frente de combate*.

2º) Pelo mesmo motivo nunca acentuar a partícula, se ela está sem *-s* final, diante de um plural feminino: *dirigir-se* a tropas *que avançam*.

3º) Ainda pelo mesmo motivo, nunca acentuá-la diante de nome de cidade que se use sem artigo: ir *a Paris*: *a Londres*, *a Petrópolis*.

4º) Acentuar a partícula nos complementos de tempo, de lugar, de modo, quando está diante de um número de horas ou de nome feminino: *atacar às 3 horas*, *à noite*, *à beira-mar*, *à força* (ao contrário – *atacar a força* seria atacar uma determinada força).

5º) Acentuar a partícula diante da palavra *moda* clara ou oculta: *fortificação à Vauban*.

3. Emprego do acento agudo

Coloca-se sistematicamente o acento agudo sobre as vogais tônicas *e* e *o* (quando abertas) e *a*, *i*, *u*:

a) nos proparoxítonos: *mármore*, *tímido*, *cúpula*, *lépido*, *sólido*;

b) nos paroxítonos terminados num grupo de duas vogais átonas: *água*, *repúdio*, *aéreo*, *glória*, *níveo*.

c) nos paroxítonos terminados em *i*, *u*, ditongo decrescente átono ou consoante *r*, *l*, *x*, *n*: *cáqui*, *jóquei*, *açúcar*, *hábil*, *cálix*, *hífen*.

Também se coloca o acento agudo nas vogais *i* e *u* quando elas são tônicas e assim não formam ditongo com uma vogal contígua anterior: *país, saída, baú, saúde, miúdo, ruído*. Mas omite-se o acento, se se segue na mesma sílaba uma consoante que não seja *s*, ou na sílaba seguinte um *nh: sair, paul, ainda, Coimbra, rainha.*

Coloca-se ainda o acento agudo nos oxítonos, monossílabos terminados pelas vogais *a, e* ou *o*, seguidas ou não de *-s*, bem como nos oxítonos não-monossílabos terminados em –*em: alvará, alvarás, avó, pó, Tomé, pé, refém.*

Finalmente, temos o caso do acento agudo no *e, o* tônicos e abertos dos ditongos decrescentes: *céu, papéis, herói, idéia, bóia.*

4. Emprego do acento circunflexo

O acento circunflexo é reservado para *e* e *o* fechados tônicos nos casos correspondentes àqueles em que se prescreve acento agudo para *e* e *o* abertos: *avô, sapê, vê.*

Também serve no indicativo presente dos verbos *ter* e *vir* e seus compostos para distinguir da 3ª pessoa do singular a 3ª do plural: *eles têm* (cf. *ele tem*), *eles vêm* (cf. *ele vem*).

5. Discordância entre os Vocabulários de 1943 e 1945

Em matéria de acentuação gráfica há três grandes discordâncias entre os dois Vocabulários:

1º) Quando as vogais *a, e* ou *o* são seguidas de uma consoante nasal (*m, n, nh*), o Vocabulário de 1943 manda usar o acento circunflexo, porque se baseia na pronúncia brasileira com timbre fechado. Ao contrário, o Vocabulário de 1945 prescreve o acento agudo, se em Portugal o timbre é aberto. Daí uma divergência como – *tônico* (Voc. 1943), *tónico* (Voc. 1945).

2º) O vocabulário de 1943 estabelece a colocação de um acento circunflexo ou grave nos advérbios derivados

-mente e dos diminutivos derivados em *-zinho* quando a palavra de que qualquer deles se deriva tem, respectivamente, acento circunflexo ou agudo: *amàvelmente* (cf. *amável*), *pèzinho* (cf. *pé*), *avôzinho* (cf. *avô*). Abandona estes acentos o Vocabulário de 1945.[14]

3º) Havendo duas palavras paroxítonas que constam das mesmas letras mas se distinguem na pronúncia pelo timbre de um *e* ou *o* tônicos, o Vocabulário de 1943 adota o emprego do acento circunflexo para a palavra de vogal tônica fechada. Este princípio, suprimido no Vocabulário de 1945 e na lei 5.765 de 18-12-1971, cria o chamado acento diferencial. Os pares desse tipo mais comuns são os de um substantivo e uma forma verbal: o substantivo, que tem em regra a vogal tônica fechada, passa a se escrever no singular com acento circunflexo, para distinguir-se da forma verbal com vogal tônica aberta; *Jôgo* (cf. eu *jogo*), *sêlo* (cf. eu *selo*); mas ao contrário – *espelho*, *sonho*, sem acento, porque as formas verbais *eu espelho*, *eu sonho* também têm vogal fechada. Às vezes, estabelece-se a diferenciação entre vogal tônica aberta e partícula átona (*pára*, verbo; *para*, preposição) ou até entre vogal tônica aberta, vogal tônica fechada e partícula átona (*pélo*, verbo; *pêlo*, substantivo; *pelo*, partícula prepositiva).

6. Palavras que não devem ser acentuadas

Muitas palavras, que eram acentuadas antes de 1931, deixaram de o ser com o estabelecimento das regras sistemáticas de acentuação.

Não se acentua *boa* e as demais palavras da mesma terminação; nem tampouco *dor* e as outras palavras de final em *or*, salvo pelo Vocabulário de 1943 o infinito *pôr* (por causa da preposição átona *por*).

---

14. Assim também a lei 5.765/71, já citada, em vigor.

Capítulo X

A CORREÇÃO DA LINGUAGEM

I. CONCEITO DE CORREÇÃO

1. Os termos do problema

Em matéria de correção de linguagem, há no grande público idéias confusas e incoerentes. Convém esclarecê-las e precisá-las.

O problema consiste a rigor na resposta adequada às duas seguintes perguntas:

a) Que é em princípio a correção?

b) Quando é correta uma exposição oral ou escrita?

2. A linguagem normal

Um dos grandes fins da linguagem é, como vimos, a comunicação ampla e eficiente entre os homens. Daí decorre que cada língua é um sistema de comunicação e que uma uniformidade geral nesse sistema é a melhor condição para a sua eficiência. Há, portanto, em toda sociedade humana a necessidade de uma linguagem normal, pela qual todos se pautem.

A correção é a obediência a esse padrão lingüístico. Se ele fosse uno e perfeitamente estável, não haveria maior problema. Acontece, porém, que a sua unidade e estabilidade só existe como um ideal, que em nenhuma sociedade humana se realiza espontaneamente.

Há três fatores inevitáveis que o perturbam.

Em primeiro lugar, apresenta-se o fator individual. Cada um de nós faz um trabalho mental espontâneo no material lingüístico, depositado na memória, e dele tira conclusões aberrantes. É preciso um esforço consciente contínuo para manter-nos dentro do que está normalmente estabelecido. É preciso, ainda, uma contínua ampliação e sedimentação do nosso material lingüístico, para melhor resistir ao trabalho que assim se processa, espontaneamente, em nosso cérebro e nos leva a soluções pessoais anômalas.

Em segundo lugar, há um fator coletivo.

A língua apresenta sempre uma diferenciação de acordo com as camadas sociais que a usam. De maneira geral, pode-se distinguir a esse respeito:

a) uma língua popular, própria das massas mais ou menos iletradas;

b) uma língua culta, que é um meio-termo entre o uso espontâneo da linguagem de todos os dias nas classes instruídas da sociedade e a língua que se encontra consignada nos grandes monumentos literários.

A língua popular quase não reage contra o fator individual de mudança desde que essa mudança não prejudique propriamente a inteligibilidade. A língua culta, ao contrário, cria um ideal estético, e aí se manifesta um afã incessante para conservar inalterada a norma estabelecida.

Portanto, quando nos referimos à linguagem normal, temos em vista a língua das classes cultas. A correção consiste, em última análise, numa obediência à norma lingüística que vigora nas camadas superiores da sociedade.

O terceiro fator é de ordem geográfica.

A nossa língua materna tende sempre a apresentar diferenças de região para região do país. Mas as diferenças regionais são especialmente no âmbito da língua popular. Na língua culta luta-se contra elas, e procura-se manter uma norma geral uniforme, da mesma sorte que são condenadas as peculiaridades lingüísticas individuais.

3. Os erros de linguagem

A correção, ou obediência à norma da língua culta, fica assim diante de três espécies de fatores que lhe são contrários:

a) mudanças executadas espontaneamente por um trabalho mental do indivíduo;

b) a intromissão da língua popular;

c) as diferenças regionais, que tendem a fazer cisões.

Criam-se, conseqüentemente, três tipos fundamentais de erro:

a) erros individuais;
b) vulgarismos;
c) regionalismos.

A luta contra eles é precária e árdua. Como nunca surgem, a rigor, arbitrariamente, mas têm uma maior ou menor motivação psicológica, é natural que tendam a repetir-se e espalhar-se. Por isso, certos erros individuais coincidem num número sensivelmente grande de pessoas, há vulgarismos que se firmam na língua culta, e certos regionalismos se propagam amplamente.

A correção é, portanto, um conceito muito relativo, e, diante da situação real, há duas maneiras de procurar ser correto:

a) insistir intransigentemente no que a norma prescreve, mesmo quando o seu ditame já está evidentemente quase obsoleto;

b) assumir uma atitude liberal e compreensiva, aceitando sem relutância coisas novas que já sentimos firmadas.

Os gramáticos e professores de linguagem propendem para a primeira solução. Ora, como o fim da linguagem é a comunicação das idéias, o seu emprego deve subordinar-se à eficiência da comunicação. O nosso objetivo deve ser, antes de tudo, não causar estranheza. A atitude intransigente pode não só provocá-la, mas até dar uma sensação de anomalia, que raia pelo ridículo, quando não prejudica a própria inteligibilidade.

A atitude liberal, por sua vez, admite uma gradação. A liberdade excessiva, isto é, a pressa em aceitar todo desrespeito à linguagem normal, desde que ele aparece com certa freqüência, pode também determinar resultados contraproducentes, entrando em colisão com convicções contrárias mais ou menos generalizadas. Acresce que um erro, assim aceito e encampado, pode ser um regresso quanto ao apuro e precisão da linguagem a que chegou a norma estabelecida.

4. A disciplina gramatical

Seria penoso que diante dessa precariedade da norma lingüística cada um de nós tivesse, a cada momento, de achar soluções por si.

A gramática normativa, que se define como a arte de escrever e falar corretamente, poupa-nos esse esforço, apresentando uma espécie de código de leis, que estudamos para obedecer. Por outro lado, as palavras consideradas corretas, com as significações que se lhes pode corretamente atribuir, são consignadas em dicionários, que consultamos para evitar vulgarismos e regionalismos vocabulares, bem como para esclarecer dúvidas que, sobre a forma e o emprego das palavras, nos assaltam em conseqüência daquele trabalho mental espontâneo, que vimos ser fonte do erro individual.

Às vezes, os preceitos da gramática e os registros dos dicionários são discutíveis: consideram erro o que já poderia ser admitido, e aceitam o que poderia de preferência ser posto de lado. Aqueles que se dedicam ao estudo da linguagem e os literatos, que fazem dela um motivo de arte, discutem essas soluções e apresentam outras diversas. Quem tem apenas o objetivo prático de comunicação eficiente, deve, ao contrário, pautar-se pelas convenções usualmente seguidas, embora sem procurar orientar-se por gramáticos e dicionários intransigentemente conservadores.

II. AS DISCORDÂNCIAS DO USO

1. As discordâncias do uso

Nem sempre são possíveis as prescrições gramaticais.

A língua, criada para meio de expressão do espírito humano, que é "ondeante e diverso", como dizia o velho Montaigne, não pode, em todo o seu âmbito, ser um conjunto de regras fixas à maneira de um jogo de xadrez. Oferece uma tal ou qual diversidade intrínseca, com alternativas de solução em vários casos. Não se trata, então, de erros e sim de discordâncias de uso.

Muitos gramáticos não querem compreender essa distinção, e impõem soluções rígidas e artificiais, considerando correto, exclusivamente, um uso que, quando muito, pode ser de escolha preferível. Há muitas catalogações de supostos erros que não passam de prescrições arbitrárias dessa ordem. São em grande parte elas que, condenando formas e expressões comumente ouvidas e lidas, criam em muita gente a impressão de "não conhecer bem a língua", intimidando-lhe o espírito no momento de escrever ou no de falar em público.

O melhor conselho contra esse vezo é o judicioso título de um recente livro do lingüista norte-americano Robert Hall: "Deixe a sua língua em paz!" (*Leave your language alone*, Ithaca, 1950).

2. Como proceder

Em regra, diante de uma discordância de uso, devemos fazer a nossa escolha uma vez por todas. Poupamo-nos assim hesitações quanto à forma, que, assaltando-nos de quando em quando no correr de uma exposição, só podem prejudicar o fluxo do nosso pensamento.

A escolha deve, antes de tudo, pautar-se pela nossa preferência pessoal, a fim de nos sentirmos bem integrados na linguagem que empregamos, livres daquela penosa impressão de quem enverga uma roupa que intimamente não lhe agrada.

Convém, não obstante, também uma adaptação às preferências do nosso ambiente social costumeiro, pois o uso divergente pode determinar uma estranheza que é sempre danosa para a espontaneidade da compreensão lingüística.

Por este último motivo, faz-se mister às vezes, até, mudarmos o uso que pessoalmente praticamos, quando nos dirigimos a um público de determinado setor da sociedade, onde sabemos generalizado um uso noutro sentido.

Muitas discordâncias, por outro lado, importam num verdadeiro enriquecimento de recursos da língua, e podem ser aproveitadas, conforme a conveniência estética do momento, sem exclusivismos. É o caso das locuções alternativas do tipo – *ter de ir* e – *ter que ir*.

Alguns gramáticos e filólogos querem aí estabelecer uma distinção rígida, banindo – *ter que...*, quando se lhe segue um infinitivo intransitivo, isto é, sem objeto como *ir*: argumentam, em termos de lógica gramatical e sem atender ao uso generalizado que não os apóia, apresentando a interpretação da partícula *que* como pronome objeto do infinitivo seguinte ("ter que fazer": ter alguma coisa que, ou a qual, fazer).

Ora, as duas construções com qualquer verbo, firmemente estabelecidas na linguagem culta e na literatura, podem alternar e concorrer para a harmonia e a leveza da frase, conforme já existe nela certo excesso de *que* ou de *de*.

3. Conclusão

Em matéria de correção de linguagem, devemos pautarnos pelos três seguintes princípios:

1º) não cometer erros que perturbem a compreensão;

2º) não cometer também os que revelem insuficiência do domínio da língua culta e do seu ideal normativo;

3º) não dar a impressão de que somos *originais* na maneira de falar ou escrever.

O desrespeito ao 3º princípio insinua-se capciosamente através das prescrições gramaticais excessivamente conservadoras e rígidas, que não levam em conta inovações ineluta-velmente radicadas e não procuram compreender a distinção entre erro propriamente dito e discordância de uso. Com isso só obtemos um resultado contraproducente, por um ou outro dos seguintes motivos:

a) colocamo-nos na posição de pessoas esquisitas e até pouco sensatas, que não se exprimem como toda gente;

b) mesmo que sejamos por isso admirados, a atenção geral se desvia do pensamento para a forma surpreendente em que ele assim se consubstancia.

Capítulo XI

A CORREÇÃO NAS FORMAS NOMINAIS

I. PLURAL DOS NOMES

1. Emprego do plural

O plural dos nomes (substantivos e adjetivos) caracteriza-se, como todos sabemos, pelo acréscimo de um som sibilante final (-s) à forma do singular. A sua finalidade não é exclusivamente a de assinalar mais de um indivíduo. Ao lado desta 1ª função, que lhe é com efeito primordial, tem as seguintes: 2ª) indicar mais de um tipo de determinada substância que é quantidade contínua (ex.: *açúcares*, para mais de uma qualidade de açúcar); 3ª) generalizar e dar amplitude a uma qualidade ou uma ação, abrangendo todas as ocorrências em que ela se manifesta (ex.: *tristezas não pagam dívidas*); 4ª) expressar ênfase, com intento de valorização ou amesquinhamento.[15]

É caso particular da função nº 3 o uso do plural com nomes próprios que designam um único indivíduo, quando pretendemos generalizar uma qualidade ou uma ação que consideramos típica de determinado personagem histórico, como neste trecho de Latino Coelho (cf. *Antologia Nacional*, cit., p. 217): "Portugal não primou nas invenções admiráveis da ciência: não teve Newtons nem Platões... não teve Franklins nem Mirabeaus... não teve Watts nem Stevensons".

---

15. A valorização explica o chamado *plural majestático* em que se cristalizaram certos nomes: *trevas, exéquias, parabéns, núpcias*.

É a função da ênfase, para acentuar desprezo (caso 4º), que explica o plural nos nomes de poetas e no da cidade de Paris, em Bocage e Eça de Queirós respectivamente: "Vós ó Franças, Semedos, Quintanilhas, Macedos e outras pestes condenadas..." (*Obras Poéticas de Bocage*, ed. 1902, I-201); – "O bom caseiro sinceramente cria que, perdido nesses remotos Parises..." (*A Cidade e as Serras*, ed. Lello 1933, p. 199).

Quando o nome próprio designa mais de um indivíduo, ou os diversos membros de uma família, tem evidentemente o seu plural, à maneira de um nome comum, como no título *Os Maias* do romance de Eça de Queirós ou na expressão *Os Andradas* para designar os três famosos políticos, irmãos, da época da nossa Independência.

2. Regras particulares

Nem sempre o plural se forma pelo acréscimo puro e simples da sibilante final. Recordemos, a respeito, as principais regras particulares:

1) Os nomes terminados em *-r*, acrescentam *-es*: *revólveres*, os *Aguiares*.

2) Os terminados em *-l*, precedido de vogal que não seja *-i*, perdem o *-l* e formam um ditongo – *ais, óis, éis, uis*: *animais, anzóis, papéis, azuis*. Excetuam-se algumas palavras esporádicas: *males*, de *mal*; *cônsules*, de *cônsul*; *meles*, de *mel*, que também apresenta o plural *méis*, com uma discordância de uso que chega a aparecer na mesma obra; ex.: na tradução das *Geórgicas* (de Virgílio) do poeta Antônio de Castilho, como destacou Sousa da Silveira nos seus *Trechos Seletos* (3ª ed., p. 56) – "espremia aos panais as meles espumantes" – "veda às flores dar méis".

3) Os nomes terminados em *-il* constituem dois grupos:

   a) os oxítonos perdem o *-l* e acrescentam *-s* (*funis*, de *funil*; *sutis*, de *sutil*);

   b) os paroxítonos substituem o final *-il* pelo ditongo átono *-eis* (*fósseis*, de *fóssil*; *têxteis*, de *têxtil*).

4) Os terminados em som sibiliante (escrito *-s*, *-z*, *-x* analogamente constituem dois grupos:

a) os oxítonos acrescentam *-es* (*países*, de *país*; *algozes*, de *algoz*; *pazes*, de *paz*);

b) os paroxítonos ficam invariáveis (*os ourives, os Fernandes, os tórax*).

5) Os nomes oxítonos terminados em *-ão* formam geralmente o plural com o final *-ões*. Há, entretanto, alguns que o formam em *-ãos* (*irmãos, pagãos, cristãos, mãos, chãos, vãos, cortesãos, cidadãos*), e outros que o formam em *-ães* (*pães, cães, capitães, alemães, catalães, capelães, escrivães, sacristães*). Em muitos há discordância de uso; mas neste caso o melhor critério é preferir a forma em *-ões* às outras duas, se ela se encontra ao lado de uma delas ou de ambas: *aldeões, anões, corrimões, deões, hortelões*, salvo quando há decidido pendor coletivo em contrário (*anciãos*).

3. Plural dos nomes compostos

Vimos até aqui nomes que constituem um só vocábulo. Ora, ao lado deles, há os chamados nomes compostos, que associam dois vocábulos ainda um tanto autônomos:

a) na idéia, pois as significações se complementam;

b) na elocução, na qual cada um mantém a sua sílaba tônica;

c) na grafia, onde se separam por um hífen.

Para o fim da formação do plural, podemos dividir esses vocábulos compostos em cinco tipos de composição principais:

1) uma partícula invariável com um substantivo;

2) uma forma verbal com um substantivo (*guarda-chuva, arranha-céu*);

3) um substantivo com um adjetivo (*capitão-mor, coronel-aviador, via-láctea, pomba-rola*);

4) dois substantivos (*guarda-marinha, couve-flor, auto-lotação*);

5) duas formas verbais (*ruge-ruge*).

Nos grupos 1 e 2 só o substantivo se pluraliza (*contra-almirantes, vice-presidentes, guarda-chuvas, arranha-céus*). No grupo 3 o adjetivo concorda com o substantivo, como era de esperar (*capitães-mores, coronéis-aviadores, vias-lácteas, pombas-rolas*), salvo quando o adjetivo está reduzido ao seu radical (*recém*, de *recente; grão*, fem. de *grã*, de *grande*), pois estes elementos passam a valer como partículas do caso 1 (*recém-casados; grão-mestres, grã-cruzes*).

As formas verbais do grupo 5 vão ambas para o plural (*ruges-ruges*), desde que não haja um *e* de ligação, caso em que o composto fica invariável (*leva-e-traz*).

Em todos esses grupos o uso é uniforme e sistemático. Ao contrário, há muitos exemplos de discordância no grupo 4. Pela lógica se teria sempre o segundo substantivo invariável, visto que ele apenas serve para caracterizar o primeiro, que é o que propriamente corresponde ao ser designado: *guarda-marinha* – guarda que pertence à marinha; *couve-flor* – couve que tem espécie de flor; *auto-lotação* – auto que faz uma lotação de passageiros. Entretanto, o resultado desse raciocínio, dando um nome no plural com a parte final no singular, é tão anômalo, que a tendência, de muito preponderante, é no sentido de pluralizar os dois vocábulos. Acresce que o segundo substantivo passa a ser concebido como adjetivo porque qualificante do primeiro, e assim caímos no caso dos compostos do grupo 3, onde vão para o plural os dois elementos.

Destarte por um motivo de estética auditiva e outro de ordem psicológica, encontra-se o mais das vezes hoje – *guardas-marinhas, couves-flores*, etc.

Resta-nos uma observação sobre adjetivos também compostos, tais como os que se apresentam para designar matizes de cor. Há muita discordância de uso e, portanto, relativa liberdade na adoção de uma destas três soluções:

a) pluralizar os dois elementos;

b) só pluralizar o segundo;

c) manter o composto invariável. Assim temos:

a) "linhas azuis-ferretes", "listas azuis-claras";

b) "quadros verde-claros e verde-escuros";

c) "ramagens verde-garrafa", "luvas verde-gaio", "alamares azul-ferrete".[16] Pode-se adotar como orientação geral o critério b), quando o segundo elemento for adjetivo, e o critério c), quando ele for um substantivo qualificante: "quadros verde-claros"; "ramagens verde-garrafa".

Nos adjetivos compostos de dois nomes de povos, o primeiro elemento, com final em *-o*, funciona como um prefixo invariável; daí as expressões: *relações ítalo-francesas; divergências russo-americanas.*

II. GÊNERO DOS NOMES

1. Sentido do masculino e do feminino

Em português, como aliás em muitas outras línguas, o masculino e o feminino não designam exclusiva ou rigorosamente a distinção dos sexos. É o que se entende quando se frisa que a nossa língua tem um gênero *gramatical* e não propriamente *natural.*

Ilustram bem esta circunstância os seguintes fatos:

1) São masculinos ou femininos por mera convenção gramatical, em regra decorrente da história da palavra:

a) os nomes de objetos, qualidades e ações (*a análise, a hélice, o grama,* medida de peso, *o telefonema*);

---

16. Estes e outros exemplos de escritores modernos em Sousa da Silveira (*Trechos Seletos*, 3ª ed., p. 64-6).

b) vários nomes de pessoas e animais em desacordo com o respectivo sexo: *a testemunha* (quer homem, quer mulher), *o tigre, o jacaré, a cobra* (quer macho, quer fêmea).

2) Certos nomes masculinos de objetos têm uma forma feminina, que indica traços característicos diversos: *o sapato* (calçado), *a sapata* (pedestal); *os veios* (do mármore, por exemplo); *as veias* (do corpo animal), *o poço* (reservatório); *a poça* (pequeno charco).

3) Certos nomes de animais, embora tenham uma forma masculina e uma forma feminina, usam-se de maneira geral só numa delas, quando não há, excepcionalmente, interesse particular em frisar o sexo:
a perdiz (masc. *perdigão*), a *lebre* (masc. *lebrão*), *o elefante* (fem. *elefanta*).[17]

2. A formação do feminino

O feminino se forma do masculino por uma mudança na terminação da palavra. Além do final *-a*, existem sufixos próprios como *-essa* e sua variante *-esa* (*condessa*), (*princesa*) ou *-triz* para muitos nomes em *-dor* ou *-tor* (*imperatriz, atriz*).

Observe-se, entretanto, que muitos nomes, referentes a pessoas ou animais, não têm mudança de terminação para indicar o feminino.

Verificam-se, então, três casos diversos:

1) A palavra fica invariável, embora mude de gênero (ex.: *o mártir, a mártir; o artista, a artista; o intérprete, a intérprete*). Inicialmente isto acontecia com todos os nomes terminados em *-a*), que provêm da 3ª declinação latina, onde não há forma especial de feminino; mas aquele trabalho mental do indivíduo, a que nos referi-

---

17. Cf. o trecho do velho cronista João de Barros, já destacado por Said Ali (*Gramática Histórica*, 2ª ed., p. 62): "Vinham dois elefantes grandes... e uma elefanta pequena".

mos no capítulo X, acabou por introduzir no uso geral formas de feminino para muitos substantivos desse tipo: *elefanta*, de *elefante*; *infanta*, de *infante* (príncipe); *giganta*, de *gigante*; *hóspeda*, de *hóspede*, que se encontra freqüentemente em Camilo Castelo Branco, se pode dizer que está à margem do uso no Brasil. O mesmo se deu com nomes de emprego tanto substantivo como adjetivo; por exemplo, os derivados com o sufixo – *ês*: *português* – *portuguesa* etc. dos nomes terminados em *-ês*, só três, que são exclusivamente adjetivos, se mantêm ainda hoje invariáveis (cf. *uma mulher cortês, uma galinha pedrês, uma cabra montês*); também invariável *soez* (uma *palavra soez*).

2) Há outra palavra para designar o feminino; *o homem, a mulher; o carneiro, a ovelha*.

3) Não há um feminino propriamente dito. Este caso é o mais traiçoeiro e pode levar-nos a verdadeiras *gaffes*.

Assim, *varão* que significa:

a) homem respeitável e cheio de serviços à pátria (como na expressão um *varão de Plutarco*);

b) criança do sexo masculino (como na expressão *dois filhos varões*) não tem um feminino correspondente).

É artificial e de mau efeito dar-lhe para feminino *varoa* (que designa *mulher capaz de combater como homem*) ou mesmo *matrona* (*mãe de família respeitável*, no sentido romano, ou, com leve tom irônico, *senhora já um tanto idosa*).

3. Nomes de gênero incerto

O caráter, até certo ponto, convencional das distinções de gênero explica por que em algumas palavras há discordâncias de uso quanto ao gênero.

Nota-se a respeito como que uma luta entre a influência da história ou da forma da palavra, de um lado, e, de outro lado, o esforço para pôr o gênero de acordo com o sexo ou com o gênero da maioria dos nomes de uma classe a que a palavra pertence.

1) Ao lado de um emprego no feminino por tradição gramatical, apareceu e radicou-se muitas vezes um emprego no masculino, quando o ser referido é sempre ou muito freqüentemente do sexo masculino: *a personagem, o personagem.* Caso relevante neste âmbito é a adoção do masculino para o nome profissional de certos homens, ou de certas coisas pertencentes a uma classe masculina, quando a respectiva função é designada pela mesma palavra no feminino. São, por exemplo, sem discordância, masculinos: *o guarda* (*a guarda* é a ação de guardar), *o caixa* (*a caixa* é o dinheiro que ele manipula)[18], *o língua* (isto é, *o intérprete*), *o caça* (o avião que faz a *caça* dos demais). Às vezes, ainda há discordância de uso, mas o masculino tende a predominar: *o sentinela* (que está *na sentinela*, isto é, na guarda de um posto), *o ordenança* (que está à *ordenança*, isto é, à ordem de um oficial), *o praça* (que serve *na praça*, isto é, na função de soldado).

2) Nos nomes de cidades que nunca figuram com o artigo *o* ou *a* (como ao contrário acontece com – *o Rio, o Cairo, o Havre, a Bahia*, clara e taxativamente masculinos ou femininos), há hesitação e incoerência: o feminino corresponde à palavra *cidade*, cuja idéia está latente; o masculino ao seu próprio caráter de gênero mais básico e geral. Assim, dizemos sempre *Nova York* e até *Nova Friburgo* (onde a forma do nome sugeriria o masculino), mas encontramos, embora nem sempre, o masculino com *Londres* e *Paris* (cf. em *A Cidade e as Serras* de Eça de Queirós, cit., – "nesses remotos Parises", e ainda – "Oh, este Paris, Jacinto este teu Paris!", p. 49).

---

18. Com o desempenho da função por mulheres, passou-se a dizer a *caixa* (para pessoa) como feminino de o *caixa*.

3) Nos nomes de navios, há ainda mais discrepância, não só por causa do conflito entre a forma do nome e a idéia latente de *navio*, mas também porque esta própria idéia latente pode concretizar-se na palavra *nau* feminina e estear-se no uso inglês, cuja influência é natural em coisas navais.[19] Na sua obra sobre *A Marinha de outrora*, o Visconde de Ouro Preto ilustra essa situação (cf. *Antologia Nacional*, cit.): "... a Beberibe... a Jequitinhonha... a Ipiranga..." (p. 74); mas – "No Beberibe... ao lado do Jequitinhonha... No Ipiranga..." (p. 85).

---

19. Em inglês, onde vigora o gênero *natural*, as coisas inanimadas são do gênero neutro; *ship* é, não obstante, considerado feminino e é substituído pelo pronome *she* (ela) como se sabe.

Capítulo XII

A CORREÇÃO NAS FORMAS VERBAIS

1. As conjugações verbais

A conjugação dos verbos portugueses é das mais complexas. Como se sabe, ela se apresenta em três tipos, conforme o infinitivo do verbo termina em *-ar*, *-er* ou *-ir*. Mas há um grande número de verbos irregulares, isto é, que não se conjugam pelo modelo do seu tipo respectivo.[20]

Ora, em muitos desses verbos irregulares, notam-se tendências para certos erros individuais e para a adoção de certos vulgarismos.

2. Mudanças no radical

Fonte de confusões, às vezes momentâneas, no teor de uma exposição oral, é a mudança que sofrem certos verbos irregulares em certas de suas formas no próprio corpo da palavra, o chamado *radical* na gramática.

Facilita de muito nesse particular saber que tais mudanças não são inteiramente caprichosas e independentes num mesmo verbo.

---

20. Conservou-se neste capítulo o método tradicional de tratar a morfologia verbal e que o Autor deste livro vem procurando substituir em artigos doutrinários. O resumo da sua nova orientação está no seu *Dicionário de filologia e Gramática*, J. Ozon editor.

Há três formas que servem de ponto de partida para um grande número de outras. Fixá-las bem no espírito equivale a dominar a conjugação quase toda.

Assim:

1) Da 1ª pessoa do singular do indicativo presente sai o radical de todo o presente do subjuntivo. Exs.: *trago* (de *trazer*); portanto – *traga, tragas, traga, tragamos, tragais, tragam;*
ponho (de *pôr*); portanto – *ponha, ponhas, ponha, ponhamos, ponhais, ponham;*
venho (de *vir*); portanto – *venha, venhas, venha, venhamos, venhais, venham;*
peço (de *pedir*); portanto – *peça, peças, peça, peçamos, peçais, peçam;*
distingo (de *distinguir*); portanto – *distinga, distingas, distinga, distingamos, distingais, distingam.*

As exceções a esta pauta de conjugação são muito poucas e em verbos que nos são muito familiares:

a) *sou* (de *ser*) – *seja, sejas, seja, sejamos, sejais, sejam;*

b) *estou* (de *estar*) – *esteja, estejas, esteja, estejamos, estejais, estejam;*

c) *sei* (de *saber*) – *saiba, saibas, saiba, saibamos, saibais, saibam;*

d) *hei* (de *haver*) – *haja, hajas, haja, hajamos, hajais, hajam;*

e) *quero* (de *querer*) – *queira, queiras, queira, queiramos, queirais, queiram.*

2) Da 2ª pessoa singular do pretérito perfeito do indicativo sai o radical:

a) do pretérito mais que perfeito do indicativo,

b) do pretérito imperfeito do subjuntivo,

c) do futuro do subjuntivo.

Exs.: *trouxeste* (de *trazer*) – a) *trouxera* etc.; b) *trouxesse* etc.; c) *trouxer etc.;*
puseste (de pôr) – a) *pusera* etc.; b) *pusesse* etc.; c) *puser* etc.;
vieste (de *vir*) – a) *viera* etc.; b) *viesse* etc.; c) *vier* etc.;
viste (de *ver*) – a) *vira* etc.; b) *viste* etc.; c) *vir, vires* etc.;
pudesse (de *poder*) – a) *pudera* etc.; b) *pudesse* etc.; c) *puder* etc.;
foste (de *ser* ou de *ir*) – a) *fora* etc.; b) *fosse* etc.; c) *for, fores* etc.

Não há exceções. Note-se que até no timbre da vogal inicial *–e–* da terminação há coincidência entre a forma-fonte e as demais; *pusera, pusesse, puser* com *–e–* aberto, de acordo com o de *puseste;* ao contrário, nos verbos regulares da 2ª conjugação, por exemplo, *bebera, bebesse, beber* com *e* fechado, de acordo com o de *bebeste.*

3) Do infinito sai o radical do indicativo futuro e do chamado condicional (futuro do pretérito). As únicas exceções são os três verbos cujo radical termina em *z*, porque neles se formou nos dois futuros um radical contrato em *z*:

a) *dizer – direi, dirás* etc.; *diria, dirias* etc.;

b) *fazer – farei, farás* etc.; *faria, farias* etc.;

c) *trazer – trarei, trarás,* etc.; *traria, trarias* etc.

Quanto ao pretérito imperfeito do indicativo, a sua correspondência é também em regra com o infinitivo. Ficam à parte:

a) o do verbo *ser* (*era, eras* etc.);

b) os dos verbos cuja 1ª pessoa do singular do indicativo presente tem um radical terminado em *nh*. Nestes últimos, a correspondência do pretérito imperfeito do indicativo é com esta 1ª pessoa do indicativo presente; há apenas de um para outro uma alternativa das vogais /e/ – /i/, /o/ – /u/ na primeira sílaba:

1) *tenho – tinha, tinhas* etc.;

2) *venho – vinha, vinhas* etc.;

3) *ponho – punha, punhas* etc.

3. Verbos compostos

Um verbo composto de outro pelo acréscimo de um prefixo acompanha, em regra, esse outro na sua conjugação.

É preciso cuidado em não perdermos de vista a composição aí imanente, para não sermos capciosamente levados a conjugar o verbo composto como um verbo simples regular.

Se atentarmos, por exemplo, que – *prever* se relaciona a *ver*, *provir* e *intervir* a *vir*, *entreter* e *suster* a *ter*, *compor* a *pôr*, não erraremos nas seguintes formas:

a) *previste* (como *viste*), *previr*, no futuro do subjuntivo (como *vir*, igualmente);

b) *provim*, *intervim* (como *vim*), *provindo* e *intervindo*, no particípio passado (como *vindo*, igualmente)[21]; *entretiveste* e *sustiveste* (como *tiveste*), *entretinha* e *sustinha* (como *tinha*), *entretiver* e *sustiver* (como *tiver*);

c) *compuseste* (como *puseste*), *compusermos* (como *pusermos*).

A tendência para erro é aí tão forte, que em alguns superou qualquer resistência. Assim, dissociaram-se dos verbos simples respectivos as seguintes formas:

a) Todas as dos compostos de *estar*, que são sentidos hoje como verbos simples: *constar*, *distar*, *restar* etc. apenas *sobrestar* conservou a idéia da composição e se conjuga por *estar*: *sobrestive* (como *estive*), *sobrestinha* (como *tinha*); mas a 1ª pessoa do indicativo presente (pelo modelo de estou) tornou-se *obsoleta* e se lhe prefere a de um verbo sinônimo (*suspendo*, *difiro*).

b) O pretérito perfeito do indicativo e os tempos correlatos de *prover*, bem como o particípio passado: *proveu* etc.; *provera* etc.; *provesse*; *provesses* etc.; *prover*, *proveres* etc. (futuro do subjuntivo); *provido* (part. pass.). Comparem-se, ao contrário, as formas correspondentes de

---

21. Esta forma *vindo* é igual à do gerúndio. Cf. – *vinha*, *vindo*, *estava vindo*, de um lado; e, de outro, *tinha chegado*: *estava chegando*.

prever que se pautam pelas de *ver*; *previste, previu* etc.; *previra* etc.; *previsse* etc.; *previr, previres* etc.; *previsto.*

c) O pretérito perfeito do indicativo e os tempos correlatos de requerer: *requeri, requereste, requerer, requereres* etc. (fut. subj.).[22]

4. Vulgarismo em certas formas verbais

A língua popular faz confusões na relação entre a 1ª e a 3ª pessoa do singular do pretérito perfeito do indicativo nos chamados verbos *fortes*, isto é, naqueles em que essas formas têm a sílaba radical tônica. De acordo com a norma culta, essas formas são:

a) iguais em:

1) *dizer* e *querer* (eu *disse*, ele *disse*; eu *quis*, ele *quis*);

2) *trazer, saber, caber* e *haver* (eu *trouxe*, ele *trouxe*; eu *soube*, ele *soube*; eu *coube*, ele *coube;* eu *houve*, muito pouco encontradiço, ele *houve*).

b) com uma alternância das vogais tônicas:

1) /i/ – /e/ em *fazer, ter, estar* (eu *fiz*, ele *fez*; eu *tive*, ele *teve*; eu *estive*, ele *esteve*);

2) /u/ – /o/ em *pôr, ser* (ou *ir*), *poder* (eu *pus*, ele *pôs*; eu *fui*, ele *foi*; eu *pude*, ele *pôde*).

Outro vulgarismo é assimilar a 1ª pessoa do plural do verbo *vir* no indicativo presente à do pretérito perfeito. A norma culta distingue o presente *vimos* e o pretérito *viemos*; ex.; "Nós, abaixo-assinados, vimos pela presente solicitar a V. Excia".

5. Verbos defectivos

Certos verbos, preponderantemente na 3ª conjugação, só têm no indicativo presente a 1ª e a 2ª pessoa do plural, faltando-lhes todo o singular e no plural a 3ª pessoa; conseqüente-

---

22. A 1ª pessoa singular do indicativo presente de *requerer* é *requeiro*, diversa da de *querer* (eu quero) e igual ao radical do presente do *subjuntivo* (*requeira*, etc.).

mente, não têm presente do subjuntivo. Entretanto, em alguns a deficiência só se mantém rigorosamente quanto à 1ª pessoa do singular e ao presente do subjuntivo, que vimos ser seu tempo correlato.

Tais são: *abolir, demolir, delinqüir, falir, florir, aguerrir, cernir, embair, poir, renhir, remir*.

É também defectivo nos mesmos moldes o verbo *precaver*, composto, por meio do prefixo *pre-*, de um verbo latino *cavére*, tomar cuidado, que não passou para o português. É verdade que hoje se encontram formas populares *precavenho, precavéns, precavém*, criadas pelo modelo de *vir*; mas, embora elas já estejam bastante generalizadas, e até na língua culta da conversação, não é aconselhável usá-las numa exposição oral ou escrita, porque a convenção gramatical ainda é contrária a elas.

Preenchem-se os claros de um verbo defectivo com outro verbo, ou uma locução, de sentido equivalente; *previno-me* (para *precaver-se*), *redimo* (para *remir*), *floresço* (para *florir*), *iludo* ou *ilaqueio* (para *embair*) *abro falência* (para *falir*), *arraso* ou *deito por terra* (para *demolir*) etc.

6. Conjugação dos verbos do tipo de "passear"

Estes verbos intercalam um /i/, quando o /e/ tônico fica em hiato com /e/, /o/, /a/ da sílaba final, ou seja, no singular e na 3ª pessoa plural dos presentes do indicativo e do subjuntivo.

Nas demais formas, em que o /e/ não é tônico, pois o acento se desloca para a terminação, desaparece o motivo para a pronúncia e a conseqüente grafia do *i* assim intercalado.

Ex.: *passear – passeio, passeias, passeia, passeamos, passeais, passeiam; passeies, passeie, passeemos, passeeis, passeiem.*

Esta norma gramatical se complica, porém, pela circunstância de que outros verbos há terminados em *-iar*, como *negociar, oficiar* etc. a pronúncia entre os finais dos dois tipos de infinitivo é praticamente igual, porque o /e/ átono diante de vogal mais aberta soa naturalmente como um /i/, salvo num ou noutro verbo em que há a preocupação de distinguir dois parônimos (*pear*, *embaraçar*, ao lado de *piar*; *mear*, dividir ao meio, ao lado de *miar*).

O resultado é a confusão também no singular e na 3ª pessoa do plural do presente, com uma acentuada tendência a generalizar-se aos verbos em *-iar* o modelo de *passear*; há a este respeito discordância de uso mesmo de um para outro notável escritor, mormente em Portugal.

No Brasil, entretanto, a norma culta é infensa a esta generalização, e podemos com Said Ali circunscrevê-la aos 5 seguintes verbos: *ansiar*, *odiar*, *incendiar*, *mediar*, *remediar* (*Gramática secundária*, 3ª ed., p. 117).

Resta a dificuldade de saber com segurança se o infinitivo é em *-ear* ou *-iar*. Como *-ear* é um sufixo, variante de *-ejar*, é ele que aparece naturalmente em verbos derivados de um substantivo, como *marear* (de *mar*), *nomear* (de *nome*), *tornear* (de *torno*), *guerrear* (de *guerra*), *saborear* (de *sabor*), *arquear* (de *arco*) etc. Também é ele que corresponde a um nome terminado em *-eio* ou *-eia* (*cear*, *assear*, *bloquear*, *recear*, *arear* etc., ao lado de – *ceia*, *asseio*, *bloqueio*, *receio*, *areia*), enquanto aos verbos em *-iar* se relacionam nomes em *-io*, *-ia* (*variar*, cf. *vário*; *sitiar*, cf. *sítio*; *auxiliar*, cf. *auxílio*; *denunciar*, cf. *denúncia* etc.).

Entre *criar* e *crear* têm procurado alguns gramáticos e escritores fazer distinção de sentido que justifique uma distinção de grafia; mas, como o singular e a 3ª pessoa plural do presente é tradicionalmente, em qualquer caso, – *crio*, *crias*, *cria*, *criam*[23], adotou-se definitivamente, a partir de 1931, um único infinitivo *criar*.

---

23. Cf. o exemplo do Pe. Antônio Vieira, já destacado por Otoniel Mota (*Lições de Português*, 4ª ed., p. 264 a 339) onde encontramos *cria* conjugado com *creou* e *creação*: "depois daquela criação, Deus não creou nem cria substância alguma material e corpórea, porque somente cria de novo as almas, que são espirituais".

7. O imperativo

O imperativo, por meio do qual se dá uma ordem ou se faz uma proibição, tende a ser mal conjugado, por confusão com o presente do indicativo e com o presente do subjuntivo.

É preciso não nos esquecermos dos três fatos seguintes:

1) As 2as pessoas do singular e do plural correspondem às do presente do indicativo sem *-s* final: *fala, falai; faze, fazei; ouve, ouvi.* A única exceção é o imperativo de *ser* (*sê, sede*, ao lado do indicativo presente *és, sois*).

2) As 3as pessoas do singular e do plural são as mesmas do presente do subjuntivo: *fale, faça, ouça.*

3) Quando o imperativo é negativo, isto é, a forma verbal vem precedida da partícula *não*, as suas formas são exatamente iguais às do presente do subjuntivo: não *fales*, não *faleis*; não *faças*, não *façais*; não *ouças*, não *ouçais*.

Capítulo XIII

A CORREÇÃO NAS FORMAS PRONOMINAIS

I. PRONOMES PESSOAIS

1. Pronomes pessoais átonos da 3ª pessoa

No âmbito dos pronomes pessoais, isto é, aqueles que funcionam como sujeito ou complemento de um verbo, é particularmente delicado o emprego das formas da 3ª pessoa, onde há o perigo de aflorarem na exposição certos vulgarismos muito vivazes.

O primeiro que convém ressaltar é a confusão nas formas que, como partículas átonas, se ligam ao verbo para exprimir dois tipos de complemento:

a) o chamado objeto direto nos verbos transitivos;

b) outro objeto, dito indireto, que representa, em termos lógicos, um ser apenas "indiretamente" interessado no fato verbal.

Quando esses objetos são expressos por substantivos, distinguem-se pela ausência em a) – de qualquer preposição de ligação, entre o nome e o verbo; e pela presença em b) – da preposição regente *a*: Exs.:

a) *vi o comandante*;

b) *falei ao comandante*.

Transpostas tais construções para outras equivalentes com os pronomes átonos, cabe o objeto direto à partícula, variável em número e gênero, – *o, a, os, as,* e o objeto indireto à partícula, variável em número, – *lhe, lhes*; exs.:

a) *vi-o;*

b) *falei-lhe.*

A língua popular, e às vezes até a fala de conversação das pessoas das classes mais instruídas, tende a usar em vez dessa partícula átona o pronome tônico, variável em gênero e número, – *ele, ela, eles, elas,* sem preposição no caso a) e com a preposição *a* no caso b).

Ora, a norma culta só admite o pronome tônico – *ele, ela, eles, elas* (como nas 1ª e 2ª pessoas do plural, *nós, vós*) em duas circunstâncias:

1ª) como sujeito do verbo;

2ª) como complemento verbal regido de preposição.[24]

Assim, é considerado erro, e dos mais comprometedores, o uso do pronome *ele* (ou suas variantes do feminino e do plural) no caso a), como objeto direto. Quanto ao seu emprego com a preposição *a*, cabe uma distinção tríplice. Em primeiro lugar, temo-lo, sempre e rigorosamente, quando se trata de um complemento de direção, para exprimir o objetivo de um movimento no espaço, em sentido próprio ou figurado; ex.: *dirijo-me às linhas de combate – dirijo-me a elas; dirijo-me ao comandante – dirijo-me a ele.* Em segundo lugar, está a substituição das partículas – *lhe, lhes*, como objeto indireto, por uma construção deste tipo, naturalmente mais enfática. Finalmente, há a possibilidade de substituição análoga das partículas – *o, a, os, as,* como objeto direto, quando se trata de pessoa.

Os dois últimos casos são, assim, tão-somente possibilidades para fins de harmonia, de ênfase, ou por causa da supressão do

---

24. Nas primeira e segunda pessoas do singular tem-se, ao contrário: 1º) como sujeito – *eu, tu*; 2º) como complemento verbal regido de preposição – *mim, ti.*

verbo, como no conhecido verso de Camões – "nem ele entende a nós, nem nós a ele" (*Lus.* c. V, est. 28), em vez de – *nem ele nos entende, nem nós o entendemos* (objeto direto com o verbo *entender*).

Daí se tiram as seguintes conclusões:

1º) A locução – *a ele* (com as variantes de gênero e número) é característica dos complementos de direção, em sentido próprio ou figurado.

2º) A mesma locução pode, quando há para isso razão especial, substituir a partícula átona *lhe* (pl. *lhes*) ou adicionar-se a ela em função de objeto indireto (cf. na nossa própria frase – *adicionar-se a ela*, em vez de – *adicionar-se-lhe*).

3º) Na mesma base do caso 2º, pode aparecer em lugar ou ao lado da partícula átona de objeto direto (*o, a, os, as*), quando esta se refere a pessoa; cf. o exemplo de Frei Heitor Pinto citado na *Sintax Histórica* de Epifânio Dias (Lisboa, 1918, p. 66):

"Um avarento cuida que tem dinheiro, e o dinheiro tem-no a ele".

Note-se que o vulgarismo incriminado é o uso do pronome *ele*, como objeto direto, sem preposição. Mas a locução a *ele*, com objeto direto ou indireto, requer uma razão especial; por exemplo, justifica-se o emprego de *a ele* para evitar:

a) dois pronomes átonos depois de forma verbal paroxítona (*fala-se a ele*);

b) as contrações *lho, lha, lhos, lhas* (*disse-o a ele*).

2. Confusão entre o objeto direto e o indireto

A possibilidade do uso da preposição *a* no objeto direto, quando se trata de pessoa, é naturalíssima quando o objeto é um substantivo: assim se exterioriza, até muitas vezes, uma particular deferência para com o ser expresso (cf. *amar a Deus*, ao lado de – *amar o próximo*).

Ora, isso pode levar-nos a interpretar o verbo como tendo um objeto indireto e não um direto, com a errônea conseqüência de lhe atribuirmos a partícula *lhe* em vez de *o*. O melhor meio prático de evitar essa ilação falsa é procurar ver se, em frases do tipo – *amar a Deus, atacar ao inimigo*, é possível suprimir a preposição sem deformação da frase: pois no caso do objeto indireto a preposição é, por natureza, indispensável. Se podemos dizer – *amar o próximo* (com o mesmo verbo *amar*), *atacar o inimigo* (sem a *preposição*) é que se trata de objeto direto, e a correspondência é, portanto, com a partícula átona – *o, a, os, as*: "Deus me perdoará, porque o amo" – "O inimigo recuou, porque o atacamos".

Recordemos, finalmente, que a partícula *o* (ou suas variantes de gênero e número) pode sofrer dois tipos de modificação de aspecto, quando se liga a um verbo antecedente:

a) passa para – *lo, la, los, las,* quando a forma verbal termina em *-s, -z*, ou *-r*, havendo complementarmente a supressão desta consoante final: *vede-lo* (cf.: ... *o vedes*), *fê-lo* (cf.: ... *o fez*), *aplicá-lo* (cf.: ... *o aplicar*)[25];

b) passa para – *no, na, nos, nas,* quando a forma verbal termina em *-m*: *aplicam-no* (cf.: ... *o aplicam*).

Destarte se estabelece uma distinção entre o aspecto das 2as pessoas do indicativo presente e do imperativo com o pronome átono posposto: *vede-o*, por exemplo, representa o imperativo *vede*, em que não há *-s* final.

II. TRATAMENTO

1. Complexidade dos pronomes de tratamento

Ao contrário de outras línguas, como o francês e o inglês, em que nos dirigimos sempre a alguém pelo pronome da 2ª pessoa do plural (fr. *vous*, ing. *you*), a língua portuguesa apresenta uma grande varidade de tratamento.

---

25. O infinitivo passa a terminar em vogal e cai na regra da acentuação gráfica dos oxítonos assim terminados: *aplicá-lo, fazê-lo* (ao contrário do *ouvi-lo*, sem acento, porque é oxítono em i).

A complexidade daí decorrente resulta dos três seguintes fatos:

a) em vez do verbo na 2ª pessoa, usa-se o verbo na 3ª, concorrendo com uma locução substantiva;

b) há um grande número dessas locuções, que formam uma hierarquia de tratamento, desde o respeitoso *Vossa Excelência* ao familiar *você*.

c) o uso da 2ª pessoa plural do verbo, com o pronome *vós*, não está completamente desaparecido, mas tem um cunho muito literário.

Numa exposição oral, de que sempre deve ressaltar um caráter mais ou menos espontâneo, deve abandonar-se a 2ª pessoa do plural; ela se compadece apenas com alocuções formalísticas, como as de saudação em certas cerimônias solenes, ou com requerimentos e petições de natureza burocrática.

A praxe brasileira, nos casos gerais, é o emprego de – *o senhor, os senhores*, com o verbo na 3ª pessoa. O tratamento de *você* só se coaduna com situações de franca familiaridade ou de franca e inquestionável superioridade hierárquica do expositor em referência ao auditório.

É claro que, uma vez adotado, o tipo de tratamento não deve variar mais no correr da exposição. Uma incoerência neste âmbito só se verifica, justificadamente, em regra no intercâmbio da linguagem falada ou em certas condições de ordem literária, para assinalar frisantes mudanças de atitude, como faz Machado de Assis, humoristicamente, ao dirigir-se ao leitor no teor dos seus romances.

2. Pronomes para complemento

Qualquer desses tratamentos com o verbo na 3ª pessoa impõe analogamente a 3ª pessoa para o possessivo (isto é, *seu* e as correspondentes variantes de gênero e número) e para os pronomes átonos que complementam o verbo (isto é: 1º – *o, a, os, as*; 2º – *lhe, lhes*).

Exemplos: "Dirijo-me aos senhores e apelo para as suas consciências..." – "Dirijo-me aos senhores e aqui lhes falo..." – Dirijo-me aos senhores, porque os tenho na conta..."

O mesmo evidentemente se verifica com o uso de *Vossa Excelência* e locuções congêneres: a Excelência é *vossa*, mas é ela, essa qualidade (e não vós), quem se focaliza no tratamento, e, portanto, é ela que me *ouve*, que me dá *sua* consideração, e eu *lhe* falo ou *a* cumprimento.

3. O uso da 1ª pessoa

Resta o problema de como se referir um expositor a si próprio.

De maneira geral, há certa repugnância para o emprego puro e simples da 1ª pessoa do singular e suas formas correlatas, porque assim se frisa excessivamente a própria figura, e daí ressumbra o que se chama, com um nome derivado da forma latina desse mesmo pronome, o egocentrismo.

Uma solução, em certos casos, é apelar para o pronome da 1ª pessoa do plural, irmanando-se o expositor com os seus ouvintes ou leitores e apresentando as afirmações que faz como o resultado de um trabalho coletivo seu e deles. Tal objetivo fica, porém, falseado, se aparece a 1ª pessoa plural numa frase referente à exclusiva atividade do expositor, do qual o auditório ou o público ledor não pode por princípio participar.

Se, por exemplo, um orador diz num discurso – "Quando entramos nesta sala para nos dirigirmos aos senhores..." agrava o egocentrismo, em vez de diluí-lo na modesta apresentação de seu esforço de equipe; e o *nós* passa a soar soberbo e majestoso, como na boca de um imperador romano.

A segunda solução é referir-se o expositor a si próprio; indiretamente, na 3ª pessoa: *o autor destas linhas... – quem fala aos senhores...* – etc. Este uso da 3ª pessoa é a fórmula convencionalizada em requerimentos e petições, e a vantagem que aí lhe descobre Rodrigues Lapa na sua *Estilística da*

Língua Portuguesa (Lisboa, 1945) pode ser generalizada para qualquer exposição oral ou escrita: "A 3ª pessoa acautela melhor a objetividade e a serenidade do discurso. É um processo de retenção social, de cortesia, atenuação imposta pelo próprio interesse e pela vida em comum" (p. 160).

Com isso não se pretende banir o pronome *eu* e suas formas correlatas. Há mesmo casos em que é insubstituível, como meio de maior precisão, às vezes necessária, da individualidade. A ele, por exemplo, recorreu muito acertadamente Joaquim Nabuco no Prefácio da obra que dedicou à vida política do Conselheiro Nabuco, seu pai: "Como tive ocasião de dizer no Instituto Histórico, meu Pai, o terceiro senador Nabuco..." (*Um Estadista do Império*, ed. Garnier, vol. I, p. V).

III. OS DEMONSTRATIVOS

Um ponto em que a norma culta resiste com razão à tendência da linguagem usual é na manutenção dos três demonstrativos – *este, esse, aquele* (com suas variantes de gênero e número) em aplicações nitidamente delimitadas.

A distinção entre *este* e *esse* propende a não ser bem sentida, e os dois pronomes se baralham sem qualquer seleção.

Com efeito, em muitos casos o emprego de *este* por *esse* se justifica plenamente por uma atitude de maior interesse ou de "aproximação psíquica", como no exemplo de Alexandre Herculano, já destacado por Sousa da Silveira: "A esta mesma hora, em que o velho prior assim vagueava por sendas alpestres..." (*Lições de Português*, 3ª ed., p. 210).

Em regra geral, porém, quando nos dirigimos a alguém, a oposição entre *este* e *esse* serve para estabelecer a diferença entre o que está conosco e o que está com os nossos interlocutores, enquanto *aquele* cabe ao que está isolado de um e de outros: *esta* é assim a mão que estendemos, a sala em que estamos, a hora em que falamos; ao contrário, *essa* é a obra que o nosso interlocutor tem nas mãos, a cidade em que se acha o destinatário de uma carta. Noutro âmbito de aplicação, *este* e suas formas variantes cabem ao que vai ser dito, e *esses* e suas variantes ao que acaba de ser dito.

De um e outro contraste serviu-se com felicidade Rui Barbosa, quando, num discurso famoso, depois de citar os desmandos da classe política dominante, concluiu: "O Brasil não é isso. É isto", designando o auditório em cujo meio se achava (*Campanha Presidencial* – 1919, ed. Catilina, p. 112).

Evidentemente, uma distinção tríplice de formas, que assim se presta para a expressividade, merece ser cuidadosamente mantida e lucidamente compreendida para utilização adequada. *Grosso modo*, podemos dizer que ela reproduz no campo dos demonstrativos a divisão tripartida dos pronomes pessoais e possessivos: *este* – *meu* ou *nosso; esse* – *teu* ou *vosso; aquele* – *dele* ou *deles*.

Capítulo XIV

CONCORDÂNCIA E REGÊNCIA

I. CONCORDÂNCIA

1. Em que consiste ela

Dá-se em gramática o nome de concordância à circunstância de *um adjetivo variar em gênero e número de acordo com o substantivo a que se refere (concordância nominal)* e à de um verbo variar em número e pessoa de acordo com o seu sujeito (*concordância verbal*).

Este princípio geral é sistemático, e não apresenta em si motivo para hesitação ou dificuldade.

Há, não obstante, casos especiais que se prestam a dúvidas. Em muitos, até, não vigora uma norma definida e fixa, e a tradição literária nos dá soluções divergentes, conforme certos matizes de intenção, de harmonia ou de clareza, ou meras preferências subjetivas.

Estamos, portanto, diante daquela situação, focalizada no capítulo I, em que convém seguir a estrada batida de uma praxe gramatical, assente na experiência e na observação do uso amplo.

2. Concordância nominal

Em matéria de concordância de um adjetivo, o caso mais delicado é aquele em que o adjetivo se refere a dois substantivos no número singular e de gêneros diferentes.

A harmonia auditiva faz em regra com que se deixe o adjetivo no singular, concordando com o primeiro dos substantivos, se a eles está anteposto, ou com o último, se a eles se segue; exs.:

a) *ilimitado entusiasmo e admiração...*

b) *entusiasmo e admiração ilimitada...*

Quando o adjetivo está proposto, pode-se, porém, usá-lo no plural masculino, se convém deixar bem claro que ele se refere a todos os substantivos; ex.: *estola e pluvial pretos...*

Caso praticamente inverso é o de um substantivo no plural, designando duas entidades da mesma natureza, a que se seguem (ou mais raramente se antepõem) dois adjetivos no singular, porque cada um deles se refere a uma das entidades exclusivamente, como na conhecida frase de Camões – "o quarto e quinto Afonsos (*Lus.*, c. I, est. 13). Assim, a expressão – *cursos comercial e secundário* designa dois cursos dos quais um é comercial e o outro secundário, ao passo que por *curso comercial e secundário* se entende espontaneamente um único que participa dos dois atributos.

Note-se que, quando o substantivo vem definido pelo artigo, há a alternativa de deixá-lo no singular, desde que se repita o artigo diante do segundo adjetivo; ex.:

a) *A RAF dominou as aviações alemã e italiana;*

b) *A RAF dominou a aviação alemã e a italiana.*

3. Concordância verbal

Quando um verbo se refere a mais de um sujeito, convém distinguir dois casos:

1) Se o verbo se segue aos sujeitos, vai para o plural, concordando com todos eles. Há exemplos de ficar o verbo no singular, porque os substantivos são mais ou menos equivalentes, mas é um tanto anômala essa construção e é melhor evitá-la. Ex.: *A infantaria e a aviação atacaram com ímpeto.*

2) Se o verbo precede os sujeitos, já é perfeitamente natural deixá-lo no singular concordando com o mais

próximo (se todos estão no singular), mas não há a respeito nada de rigorosamente determinado, e o verbo também pode ir para o plural. Daí os dois exemplos opostos de Camões, que Said Ali registra lado a lado (*Gramática Secundária*, cit., p. 206).

a) "Ouviu-o o Douro e a terra transtagana";

b) "Cobrem ouro e aljôfar ao veludo".

Até aqui, imaginamos apenas o caso de sujeitos substantivos, isto é, todos da 3ª pessoa, e a dificuldade da concordância se reporta somente ao número.

A questão se complica com a concordância de pessoa, quando se tem como sujeitos:

a) *eu* e *tu*

b) *eu* e *ele* (ou vocábulo equivalente);

c) *tu* e *ele* (ou vocábulo equivalente).

O melhor critério é nos casos a) e b), em que entra o pronome *eu*, usar o verbo na 1ª pessoa do plural. Já no caso c) é preferível optar pela 3ª pessoa do plural, para evitar o verbo na forma correspondente a *vós* à maneira deste exemplo de Antônio de Castilho: "A ver se tu e os outros se convencem..." (cf. João Ribeiro, *Gramática Superior*, 20ª ed., p. 215).

4. Casos de sujeitos especiais

Podemos sob este título capitular os seguintes:

1) O sujeito é um coletivo seguido de um adjunto, que é o nome plural dos indivíduos componentes. Convém deixar o verbo no singular: *a esquadrilha (a maior parte) (um grande número) dos aviões atacou com intensidade.*

2) O sujeito é – *um* e *outro.* O verbo no plural frisa a distinção entre as duas entidades; no singular cria-se uma íntima associação entre elas. É o que bem se percebe nos dois seguintes exemplos, citados sem maior comentário por Said Ali (*Gramática Secundária*, cit., p. 212).

a) *"Uma e outra doutrina é de Salomão"* – as duas doutrinas são afins e como que partes de uma concepção mais ampla;

b) *"Uma e outra Majestade aceitaram..."* – a distinção entre os dois soberanos está nitidamente firmada.

3) Há dois ou mais sujeitos no singular ligados por *ou* ou *nem*. O verbo no singular indicará que um dos sujeitos exclui o outro; ex.; *um ou outro(nem um nem outro) ocupará este posto.*

4) O sujeito é a expressão – *mais de um*... O verbo fica no singular; ex.: *mais de um avião foi atingido.*

5) O sujeito é *quem*. O verbo fica na 3ª pessoa do singular; ex.: *fui eu quem ordenou* (cf., ao contrário, com o pronome *que: fui eu que ordenei*).

5. A concordância do verbo "ser"

O verbo ser é um elemento de ligação entre dois nomes ou pronomes, dos quais um é sujeito e o outro é predicativo.

Se um deles é plural, o verbo vai para o plural (ex.: *aquilo não são vozes*); e, se um deles é um pronome da 1ª ou da 2ª pessoa, o verbo vai para essa pessoa (ex.: *o diretor sou eu*).

Assim se explica o verbo no plural para indicar horas, ou dias do mês nas datas (*são seis horas – são seis de março*).

II. INVARIABILIDADE

1. Em que consiste ela

Há certos tipos de frase em que um adjetivo, formando locução com o verbo *ser*, fica invariável no gênero básico (masculino) embora referindo-se a um substantivo feminino (*é bom muita cautela, é necessário prudência*), ou um verbo fica invariável na sua forma básica, que é a 3ª pessoa do singular.

A invariabilidade resulta de uma ou outra das seguintes circunstâncias:

1) o sujeito é uma oração reduzida de infinitivo ou uma oração subordinada (dita *integrante*) com a partícula *que;*

2) não há a rigor um sujeito, e a frase é o que se chama *impessoal.*

O caso 1 explica:

a) a invariabilidade do adjetivo com o verbo *ser,* supra-referida (*bom é... ter muita cautela – necessário é... ter prudência*);

b) a do verbo *parecer, muito freqüente (as tropas inimigas parece que vão atacar);*

c) a da locução é *que... (as tropas inimigas é que recuaram).*

2. Invariabilidade do verbo "haver"

Já o verbo *haver,* no seu sentido usual de *existir,* fica invariável, porque não tem sujeito propriamente dito. Erro individual persistente é o de pautá-lo pelas frases em que funciona *existir* e fazê-lo concordar com o nome que se lhe segue. Há para isso uma forte motivação psicológica, mas a norma culta rejeita tais construções, que são consideradas um índice de ignorância.

Assim, dir-se-á com o verbo *existir:*

a) *existem (existiam – existiram – existirão – existiriam – talvez existam – talvez existissem) muitas esquadrilhas de caça naquele setor;*

mas, ao contrário, com o verbo *haver:*

b) *há (havia – houve – houvera – haverá – haveria – talvez haja – talvez houvesse) muitas esquadrilhas de caças naquele setor.*

É claro que a invariabilidade se estende ao verbo auxiliar que forma com *haver* um tempo composto (*deve haver muitas esquadrilhas...*)

3. Verbo com a partícula "se"

É típico do português o emprego de um verbo com a partícula *se* para indicar uma ação de cujo agente se faz abstração: *ouviu-se um ruído; falou-se nisso; vai-se por aqui.*

Há uma forte tendência nas frases deste tipo a deixar sempre o verbo invariável, na 3ª pessoa do singular.

A disciplina gramatical vigente mantém-se, porém, num ponto de vista diverso: só aceita essa tendência quando o verbo não se liga diretamente a um nome sem preposição, ou, noutros termos, quando o verbo não é transitivo *(falou-se nisso; vai-se por aqui).*

Quando o verbo é transitivo, como em – *ouviu-se um ruído*, considera-se que é sujeito o nome que se lhe adjunge e prescreve-se que o verbo deve concordar com ele (ex.: *ouviram-se vários estrondos*).[26] Ressalva-se o caso de – *pode-se, deve-se* etc. combinado com um infinitivo, porque aí se cai na invariabilidade decorrente de se ter para sujeito uma oração de infinitivo: *já se pode atacar as tropas inimigas* (cf.: *já é possível atacar as tropas inimigas).*

III. A REGÊNCIA

Ao lado da concordância dá-se grande importância na construção da frase ao uso das preposições que ligam um elemento determinante ao seu determinado, ou noutros termos, que regem o elemento determinante.

Esse estudo, dito da *regência*, compreende a rigor duas partes:

1) o valor e a aplicação de cada preposição considerada em si mesma;

---

26. Em virtude dessa interpretação, rejeita-se o emprego do pronome *o, a, os, as* em vez do nome neste exemplo: *O patriotismo é um sentimento inspirador; quando se o tem...* A conseqüência lógica de ver aí um sujeito é usar a forma *ele* ou suas variantes, mas o efeito é deplorável. Convém, antes, omitir o pronome *(quando se tem...; quando ele existe...).*

2) o exame das afinidades, por assim dizer, que vinculam a um nome ou a um verbo dado certa preposição dada, que normalmente o relaciona ao seu complemento determinante.

Assim, na parte 1, observa-se que a preposição *a*, por exemplo, indica:

a) um objeto indireto *(falar a alguém)*;

b) um complemento de direção *(ir a Paris)*;

c) um complemento de lugar próximo *(sentar-se à mesa; bater à porta)*;

d) um complemento de tempo *(ir às 3 horas)*;

e) um complemento de modo *(fechar à chave)*...

Já na parte 2, em referência à mesma preposição, enumeram-se os verbos e os nomes que a "pedem" para se construírem com um complemento essencial; exs.: *aconselhar aos subordinados, aconselhar a atacar; assistir a um ataque* (prefere-se *assistir um ataque* – no sentido de colaborar nele); *ceder ao inimigo; faltar ao compromisso; obstar à ofensiva; horror à guerra; aferro ao passado; exortação às tropas; avesso à propaganda; cego à prudência; concernente à segurança;* etc.

O uso de certas preposições com certos nomes ou verbos não tem, entretanto, muitas vezes, um caráter absoluto e rígido, e, neste particular, a praxe literária tem variado também às vezes de época para época. Acrescem divergências entre a norma de Portugal e a do Brasil; assim pode-se pôr em contraste – "limpou as faces à manga da camisa", de Camilo, com – "enxugava os olhos na manga do vestido", de um moderno escritor brasileiro (cf. Sousa da Silveira, *Lições de Português*, cit., p. 294-5).

Por tudo isso não nos devemos preocupar exageradamente com o chamado problema da regência, e, em princípio, podemos regular-nos pelo nosso pendor instintivo. "Cada pessoa, na hora de escrever, escolhe, segundo o seu sentimento, a preposição que lhe parece conveniente" (A. Nascentes, *O Problema da Regência*, Rio 1944).

Capítulo XV

EXAME DE ALGUMAS SUPOSTAS INCORREÇÕES

I. PURISMO E ESTRANGEIRISMO

1. O purismo

Pode-se dizer, em essência, que o purismo consiste em imaginar a língua como uma espécie de água cristalina e pura, que não deve ser contaminada. Perde-se a noção de que ela é o meio de comunicação social por excelência, ou, para mantermos o símile, a água de uma turbina em incessante atividade e mais ou menos turva pela própria necessidade da sua função.

De um ponto de vista assim teoricamente falso, passa-se a rejeitar tudo aquilo comumente usado, mas que resulta de uma influência estrangeira ou da generalização do que foi de início um erro individual, um vulgarismo ou um regionalismo.

Em português, a norma culta tem-se deixado conduzir, neste particular, para uma posição de excessiva hostilidade contra os estrangeirismos. Convém, portanto, fazermos aqui um rápido balanço do problema.

2. Inconvenientes do estrangeirismo

Os seus inconvenientes resumem-se a rigor em tumultuar, por assim dizer, o sistema da língua, aí introduzindo coisas que são fragmentos de outros sistemas.

a) em relação ao sentido das palavras;

b) em relação às frases;

c) em relação aos sons elementares distintos ou fonemas.

Assim, o uso de uma palavra portuguesa no sentido em que uma palavra de forma semelhante ou congênere se usa em inglês, por exemplo, só pode concorrer para prejudicar o jogo de significações que estão cristalizadas na nossa língua com grave dano para a eficiência da comunicação: comete, pois, um estrangeirismo condenável quem emprega *realizar* como equivalente de *compreender*, ou *assumir* com o alcance de *supor*, por causa dos verbos ingleses *to realize e to assume*, respectivamente.

Analogamente, os tipos de frase constituem um traço muito característico de uma língua.

Há muitos, chamados idiomáticos, a que nos habituamos e que concorrem, por isso, para nos facilitar a rápida compreensão do conjunto. Qualquer anomalia, calcada numa construção estrangeira, é esteticamente insatisfatória e obriga-nos a um esforço de reconhecimento, que é sempre penoso e perturbador. Não é necessário para esse mau resultado que a frase tome um aspecto inteiramente diverso das construções normais portuguesas; basta que um tipo de frase normal em nossa língua seja utilizado com uma freqüência fora do comum e em ocasiões em que se dá preferência a outro tipo.

Temos, a respeito, uma boa ilustração nas formas verbais passivas, em locuções do verbo *ser* com um particípio passado, muito mais correntes e sistemáticas em inglês, do que entre nós, que também lançamos mão de outros processos em grau relevante. Por isso, torna-se estranho, desagradável e até exaustivo para a boa apreensão ouvir ou ler frases destas: *na população brasileira são encontrados muitos mestiços* (em vez de – *encontram-se*) – *neste quadro são vistos os alvos a serem destruídos* (em vez de – *vêem-se neste quadro os alvos por destruir*) – *o ouvinte deve ser motivado* (em vez de – *deve haver uma motivação para o ouvinte*), etc.

Quanto ao emprego direto da palavra estrangeira, há o inconveniente de ela conter em regra sons que lhe são próprios e que diferem dos nossos em tudo e por tudo. Introduz-se destarte um elemento de discordância na língua. A pronúncia à estrangeira torna-se árdua no correr da frase portuguesa, em que os nossos órgãos vocais estão espontaneamente coordenados para a produção dos nossos sons. Em regra, aliás, não é rigorosamente respeitada, e figura a seu lado uma pronúncia aportuguesada, às vezes com variantes. Qualquer que seja a nossa decisão, corremos vários riscos:

a) a pecha de pedantismo;

b) a de ignorância ou vulgaridade;

c) a impressão de estranheza ou até má apreensão por parte dos ouvintes;

d) e, em qualquer caso, tal ou qual prejuízo na fluência e eficiência da elocução, mesmo no trabalho escrito, onde, como sabemos, a leitura determina uma espécie de elocução mental.

3. O estrangeirismo sob outro aspecto

Mas o estrangeirismo não é um mal em si mesmo.

Quando não provoca esse tumultuamento do sistema da língua, pode ser até de emprego altamente vantajoso para o enriquecimento, precisão e expressividade da nossa linguagem, falando ou escrevendo. Podemos, portanto, usá-lo sem receio, quando é corrente e geral. É uma atitude pouco inteligente e negativa a de rejeitar uma palavra ou um tipo de frase de que todos se servem, pelo simples motivo de lhe sabermos a origem francesa, inglesa ou alemã.

Tal é o caso de verbos como *controlar* e *constatar*, entre outros, e o de expressões que não ferem o nosso sentimento idiomático e são facilmente apreendidas no seu significado íntimo. Muitas dessas expressões trouxeram até proveito para a fraseologia portuguesa, dando-lhe mais leveza, concisão, nitidez ou maleabilidade.

Dizer, por exemplo, – "Preparemos nossos planos cuidadosamente, de modo a não termos surpresa" – é mais leve e conciso do que "... de modo que não tenhamos surpresa" – e é mais nítido e enfático do que – "... para não termos surpresas". Analogamente uma asserção como – "O inimigo é bastante ousado para tentar novo ataque" – perde o seu peculiar efeito expressivo sob a forma que se considera vernácula – "O inimigo é tão ousado que pode tentar novo ataque".

Da mesma sorte, muitas palavras adaptadas aos nossos sons ou que, mesmo ditas à estrangeira, já não criam maiores problemas, não precisam ser escrupulosamente evitadas, como o purismo aconselha; tais são, entre outras – *detalhe, bibelô, marrom, envelope, esporte, rum, líder.*

4. As nomenclaturas técnicas

Os vocábulos estrangeiros são especialmente abundantes nas nomenclaturas técnicas, desenvolvidas numa cultura estrangeira e na base da língua dessa cultura. E mesmo com inconvenientes formais têm de ser aceitos muitas vezes.

Um recurso paralelo é especializar no sentido técnico uma nossa palavra que se preste para esse fim, ou forjar uma nova pelos nossos processos normais de derivação. Assim procederam mais de uma vez Cícero e outros eruditos romanos ao introduzirem a filosofia grega na cultura latina, e, em conseqüência do seu esforço, temos hoje, decorrentes do latim, termos como *razão, qualidade, quantidade.*

Na linguagem da aviação, em português, estabeleceu-se por esse meio *pousar, aterrissar* (ou *aterrar*), *decolagem, avião a jato, projétil-foguete.* Mas uma atitude absoluta e sistemática a respeito é praticamente impossível: levar-nos-ia, na melhor das hipóteses, a muitas soluções especiosas e artificiais, quando, em matéria de comunicação lingüística, se exige, antes de tudo, naturalidade e singeleza.

5. O estrangeirismo como nota pitoresca

Outro âmbito em que o estrangeirismo se impõe espontaneamente é na exposição de coisas e costumes estrangeiros, onde a palavra típica nativa se apresenta a rigor intraduzível, porque insubstituível pelo nosso termo correspondente a carga de associações de idéias e valores específicos que nela se concentra. É o que explica, por exemplo, o efeito estético do vocábulo inglês, em vez de *penhascos*, nas considerações de Joaquim Nabuco sobre a Inglaterra – "inatacável nos seus altos *cliffs* brancos, a cujos pés o mar se abre como uma trincheira" (*Minha Formação*, ed. 1934, p. 108).

II. A RIGIDEZ GRAMATICAL

1. Considerações gerais

Já vimos, ao tratar da correção, que a gramática não pode ter a rigidez das regras de um jogo e que, ao lado do erro propriamente dito, há as discordâncias de uso, que só se compadecem com uma orientação maleável.

Este ponto de vista não tem sido, entretanto, infelizmente, o da maioria dos nossos gramáticos, e o resultado é muitas vezes, a certos respeitos, uma regulamentação que embaraça em vez de auxiliar, criando em nós intimidações e incertezas em face do uso geral que a contradiz.

Convém aqui focalizar, a título de exemplo, as três questões das palavras de acentuação duvidosa, da colocação dos pronomes pessoais átonos junto ao verbo e do emprego do chamado infinitivo pessoal.

2. As palavras de acentuação duvidosa

Quando devemos dizer que uma dada palavra foi pronunciada com a acentuação errada? A resposta só pode ser uma: quando essa acentuação não é a que se usa normalmente e importa num erro individual ou num vulgarismo, que desprestigia o elocutor.

Certas gramáticas entendem, ao contrário, como acentuação correta aquela que está de acordo com a da palavra grega ou latina originária; isto é, fazem abstração do uso em português e se guiam pelo uso em grego ou em latim.

Ora, tal critério é, em muitos casos, insustentável. Seria absurdo mudar por causa dele a nossa pronúncia de vocábulos como – *pântano, nível, míope, acônito, sibilo, invólucro.* Nem é menos absurdo aceitá-la como um mal inevitável e alegar que – o "correto" seria... –, pois em matéria de linguagem o correto é o que normalmente se diz.

Em referência a outras palavras, este ponto de vista falso conseguiu introduzir pronúncias diversas das que estavam assentes, sem lograr banir estas últimas. O resultado é termos hoje de escolher entre – *azafama* e *azáfama* (por causa da origem árabe), *crisantemo* e *crisântemo* (por causa do grego), *autópsia* e *autopsia* (por causa do grego). Quando, como nestes exemplos, a emenda não se generalizou preponderantemente, é melhor atermo-nos à acentuação antiga anterior à corrigenda, ou seja, na lista citada, a primeira de cada par. Outras vezes, porém, a emenda proposta firmou-se, por motivos vários, criou-se certo preconceito a seu favor; tal é o caso de *hipódromo* (em vez de *hipodromo*), como *aeródromo, pródromo, protótipo* (em vez de *prototipo*), *réptil* (em vez de *reptil*), *espécime* (em contraste com *regime*).

Caso diverso é aquele em que se procura mudar a acentuação de uma palavra na base de um raciocínio equívoco. Assim, não há razão para abandonar a pronúncia oxítona de *projetil*, que nos veio do francês e não existia em latim; a paroxítona de *filantropo* e *misantropo*, que como paroxítonos se diziam em latim, com outra pronúncia que em grego; ou a de *quiromância*, pelo mesmo motivo.

Note-se, finalmente, que muitas palavras eruditas portuguesas são paroxítonas, porque se trata de adaptações do francês, e o argumento da pronúncia grega ou latina se torna assim artificial. Tais são: *acrobata, anedota, ciclone, democrata* (como *aristocrata, autocrata,* etc.), *diatribe, homeopata* (como *alopata*), *omoplata, monolito, polipo, prognata, quadrumano.*

3. A colocação dos pronomes pessoais átonos

Sabemos que em princípio há em português a possibilidade de colocá-los antes ou depois da forma verbal, como uma nova sílaba inicial (próclise) ou final (ênclise) dessa forma.

O efeito acústico é um tanto diverso num e noutro caso. A posição inicial do pronome átono dá-lhe certo relevo, porque as sílabas iniciais são emitidas com mais força que as finais. A posição final, em compensação, prolonga o velho e às vezes, com isso, valoriza o ritmo da frase com um grave vocábulo paroxítono (... *aproximou-se...*). Na linguagem da conversação, conduzidos sem sentir por esses motivos sutis e imponderáveis, jogamos à vontade com as duas colocações.

A disciplina gramatical não concordou, porém, com essa liberdade. Guiando-se pela freqüência preponderante de uma das colocações em determinados casos, estabeleceu algumas regras rígidas, a que convém atender por dois motivos.

a) porque representam, com efeito, tendências muito fortes vigentes na língua literária;

b) porque são em regra muito acatadas e a sua infração, num meio de ouvintes ou leitores cultos, pode prejudicar o prestígio do expositor.

Assim, para não começar pelo pronome átono uma oração depois de pausa, faz-se a ênclise.[27]

1) No começo de um período; ex.: *Decidimo-nos a atacar.*[28]

---

27. Nos indicativos futuros (do presente e do pretérito: *decidirá, decidiria*) não se faz propriamente a ênclise, intercala-se o pronome átono na terminação verbal depois do -r: *decidir-se-á, decidir-se-ia.*

28. De todas essas regras, é a única que deve ser cuidadosamente respeitada na exposição oral, a infração das outras passa quase sempre despercebida na linguagem falada.

2) No começo de uma oração reduzida de gerúndio; ex.: *Decidimos atacar, concentrando-nos na ala esquerda.*

3) No começo de uma oração principal que se segue a uma subordinada; ex.: *Quando decidimos atacar, concentramo-nos na ala esquerda.*

Paralelamente há três casos em que deve dar-se a próclise:

1) quando o verbo é precedido da partícula *não* ou um pronome negativo (*ainda não nos decidimos a atacar – nenhum general se decidiria a atacar nesta conjuntura*);

2) quando a oração começa por partícula subordinativa (*ficou decidido que as tropas se concentrariam na ala esquerda*);

3) quando o verbo é um gerúndio regido pela preposição *em* (*em se pondo o sol...*).

Note-se finalmente que, se o verbo se compõe de um auxiliar (qualquer tempo de *ser, estar, ter, haver* e alguns outros) seguido de particípio passado, gerúndio ou infinitivo, aplicam-se as três regras da ênclise ou da próclise em referência ao auxiliar. Mas sempre e em qualquer caso, é possível fazer a ênclise como o infinitivo ou o gerúndio, e, no Brasil, mesmo na língua literária, se aceita a próclise com o infinitivo, o gerúndio ou o particípio. Exs.: *Tínhamo-nos decidido a atacar – Decidimos atacar, tendo-nos concentrado... – Ainda não nos tínhamos decidido a atacar – O inimigo já não estava concentrando-se (já não podia concentrar-se) naquele setor – Ainda não tínhamos nos decidido – O inimigo já não estava se concentrando (já não podia se concentrar).*

4. O emprego do infinitivo pessoal

É uma peculiaridade da língua portuguesa poder usar o infinitivo com terminações pessoais, em vez de sempre invariável como nas outras línguas derivadas do latim. Assim diremos – *é preciso falar* (se o sujeito é *eu* ou *ele*), *falares, falarmos, falardes, falarem* –, quando em espanhol só há forma única impessoal – *hablar.*

Muitos gramáticos têm-se esforçado para delimitar rigidamente o emprego desse infinitivo pessoal em face do impessoal. A verdade, porém, é que ele implica num efeito de ênfase, e o mais das vezes só o caso concreto pode determinar qual das duas formas é preferível.

Se partirmos deste postulado – a necessidade da ênfase, teremos de concluir que só há na realidade três empregos incorretos do infinitivo pessoal:

a) quando se trata de um verdadeiro tempo composto, em que a ênfase se distribui por toda a locução verbal: *temos de fazer* (não – *fazermos*), *queiram sentar-se* (não – *sentarem-se*).

b) quando o seu sujeito é um pronome átono em ênclise ou próclise com outro verbo, porque a ênfase posta no infinito colidiria com a necessária falta de ênfase do seu sujeito; *vi-os avançar* (não – *avançarem*).

c) quando o infinitivo é um simples adjunto de um adjetivo em que se encontra a ênfase: *capazes de exigir* (não – *de exigirem*).

Nos demais casos, basta o sentimento instintivo para empregarmos com propriedade uma ou outra forma.

Na linguagem falada, o contato direto com os ouvintes nos leva naturalmente para a ênfase, e daí a freqüência do uso do infinitivo pessoal nas exposições orais. A obediência escrupulosa a certas regras, firmadas *in abstracto*, cria uma correção meramente convencional, muitas vezes em conflito com as exigências espontâneas da expressividade.

Capítulo XVI

A ESCOLHA DAS PALAVRAS

I. CONSIDERAÇÕES GERAIS

A eficiência de uma comunicação lingüística depende, em última análise, da escolha adequada das palavras, e a arte de bem falar e escrever é chamada, com razão, a arte, da palavra.

Essa escolha é, em regra, muito mais delicada e muito menos simples do que à primeira vista poderia parecer.

O sentido de uma palavra não é essencialmente uno, nitidamente delimitado e rigorosamente privativo dela, à maneira de um símbolo matemático.

Há uma complexidade imanente, que se apresenta sob diversos aspectos.

Em primeiro lugar, duas ou mais palavras podem ser de significação mais ou menos equivalente, constituindo o que se chama a sinonímia. Com uma mesma palavra designam-se, por outro lado, coisas variáveis, e nessas significações o traço constante, que justifica a designação única, é não raro bastante frouxo, especialmente quando se consubstancia um conceito abstrato, depreendido do mundo tangível por uma nossa elaboração mental. Acresce ainda que uma palavra pode significar coisas diferentes, praticamente sem relação entre si, e assim multiplicar-se num conjunto de formas iguais mas sentidos distintos, que são os homônimos, ou ao seu lado houver outras de formas semelhantes (os parônimos), que favorecem confusões. Enfim, à parte da significação propriamente dita, a palavra carreia uma série de associações de idéias, que pesam no seu efeito e no da frase em que ela se encontra.

Estas considerações nos levam a problemas particulares, que vamos aqui rapidamente apreciar.

II. OS SINÔNIMOS

1. A escolha entre os sinônimos

Em matéria de sinonímia, é preciso, antes de tudo, ressalvar que não há a rigor o que muitas gramáticas chamam os sinônimos perfeitos: eles só existem como tais nas listas dessas gramáticas. Todos decorrem das significações diversas que adquire uma mesma coisa, de acordo com os diversos interesses que tem para nós; um conceito "neutro" se concretiza em duas ou mais denominações, segundo valores específicos, e é assim que a palavra *construção*, que nos faz ver o conjunto arquitetônico, cede lugar a *prédio* para objetivar o bem imóvel. É o interesse, e também a incerteza das apreciações, que explica o fato de nos parecer haver muitas vezes à nossa escolha duas palavras sinônimas, como *justo* e *eqüitativo* ou *castigar* e *punir* para qualificar uma ação ou um procedimento.[29]

Há sempre, em função da frase e do teor geral da nossa exposição, um desses sinônimos que se impõe.

Daí se derivam certas conseqüências para uma boa escolha.

Podemos arrolá-las em três itens:

1) Há, entre as duas ou mais palavras, pequenas mas perceptíveis diferenças de significação. Assim, *perecer* e *sucumbir* designam em comum a idéia de "morrer

---

29. Cf. as considerações neste sentido do lingüista holandês H.J. Pos na sua *Contribuição a uma Teoria Geral dos Sinônimos*, em *Recherches Philosophiques publiées por Koyré, Pusch, Spaier* (vol. II, 1932-1933), Ed. Boivin.

lutando", mas o segundo verbo encerra, a mais, a de "ser vencido nessa luta"; seria, portanto, impróprio aplicá-lo à morte do almirante Nelson, em plena vitória já no fim da batalha de Trafalgar, ou, extensivamente, à do presidente Franklin Roosevelt na última fase da Guerra Mundial de 39. Por outro lado, *perecer*, que cabe perfeitamente ao caso de Nelson, se torna pouco próprio para o presidente norte-americano, porque envolve a idéia de tombar por uma participação frisantemente corporal na luta, inaplicável a um chefe civil que morreu pelo esgotamento de suas forças físicas.

2) A significação, do ponto de vista intelectivo, pode ser praticamente a mesma; mas há diferenças de outra ordem, em virtude daquela série de associações que a palavra carreia e que pesam no seu efeito.

Tal é o caso dos termos em que se envolve o sentido da repulsa ao lado de outros sem esta carga afetiva. Neste particular, a linguagem pode ir muito longe, ultrapassando o âmbito da sinonímia, propriamente dita, como sucedeu com as duas pequenas cidades norte-americanas, na história com que se abre um livro do professor Hayakawa (*Language in Action*, New York 1941). Num período de depressão econômica, estabeleceu uma delas uma *ajuda* (*relief*) de 50 dólares mensais para cada chefe de família desempregado, enquanto a outra instituía um seguro municipal por desemprego de valor exatamente igual: é óbvio que a mesma quantia, em virtude das mesmas condições e paga para os mesmos fins, adquiriu um sentido diferente, e apenas de base afetiva, conforme foi denominada *ajuda* ou *prêmio de seguro*.

Noutras séries de sinônimos, a diferença está em que um deles acentua cruamente a idéia, enquanto outro como que apenas a insinua (cf. *morrer – falecer*, *recuar – ceder terreno*).

E também é preciso não esquecer a influência da forma de uma palavra, segundo é curta ou longa, complexa ou mais simples, derivada expressivamente de outra ou isolada, caracterizada ou não por um som incisivo, entre outras circunstâncias, que a fazem singularmente própria em determinado momento. É, por exemplo, o efeito acústico rápido e forte, a simplicidade da formação e a associação com *ave*, que torna o termo *avião* mais adequado que *aeroplano*, quando se trata de uma cena concreta, e não de considerações abstratamente científicas como, ao contrário, a referência ao "princípio físico em que se baseia o aeroplano..."

3) Finalmente, como a significação é de muito condicionada pela frase em que se acha, há muito poucas palavras que sejam constantemente sinônimas, e a escolha só se pode fazer em função de texto determinado. Nada mais desastroso do que pensarmos poder guiar-nos pela lista de sinônimos de um dicionário. Este só pode servir para nos avivar a memória a respeito de palavras que já conhecemos e cujos valores, muitas vezes sutis e fugidios, já sentimos com acuidade.

2. Recursos que oferecem os sinônimos

Essas considerações sobre a natureza da sinonímia nos fazem bem compreender por que o conhecimento de variadas palavras sinônimas importa num enriquecimento da linguagem e num grande recurso de estilo.

É que nos permite cingir as coisas sob múltiplos aspectos, e como que focalizá-las de diferentes pontos de vista.

É esta a grande vantagem da acumulação de sinônimos nas frases de certos escritores, famosos pela sua riqueza vocabular como o Padre Vieira, Camilo Castelo Branco e Rui Barbosa. Chega-se assim não apenas a um maior relevo da idéia, em virtude da insistência com que ela se repete em cada palavra da série. Atinge-se também a uma maior precisão dessa idéia, porque a significação escrita de cada sinônimo reage sobre a dos outros, e, do conjunto, aflora, como resultante, um matiz de significação, não contido nos diversos termos isolados.

É especialmente útil o recurso, quando o que se procura expressar não tem rigorosamente uma designação privativa e própria ou ela não ocorre na rapidez da exposição oral: o expositor se resigna a dizê-lo de maneira mais ou menos aproximada, mas corrige até certo ponto o inadequado de cada expressão pelo aspecto novo que da sua idéia, de cada vez, nos apresenta.

A enumeração de sinônimos é espontaneamente praticada em referência a adjetivos com que se procura bem qualificar um ser ou uma ação enunciada. "Arranca o estatuário uma pedra dessas montanhas tosca, bruta, dura, informe..." – diz, por exemplo, o Padre Vieira num dos seus trechos célebres (*Sermões,* ed. 1963, III, 419). Com isso, também se obtém muitas vezes um melhor balanço da frase, prolongando um grupo de força; mas a vantagem essencial não está, propriamente, aí. O acúmulo de dois ou mais adjetivos equivalentes, como *firme* e *sólido, apto* e *capaz,* pode produzir o mau efeito de uma repetição viciosa da mesma idéia, se nitidamente não concorre para o relevo e a precisão dela; e o expositor deve manter-se de sobreaviso contra a tendência rítmica e assim arredondar a frase sem lhe dar maior conteúdo mental.

Compreende-se, por outro lado, que os sinônimos não podem ser uma panacéia para obviar à repetição da mesma palavra. Servir-se deles sem a contraparte de um enriquecimento significativo não evita a repetição, que continua imanente sob o desajeitado disfarce de uma nova roupagem; e perturba a apreensão do pensamento, obrigando o leitor ou o ouvinte, diante de cada sinônimo, a um trabalho de identificação da mesma idéia constante. Imagine-se, para bem sentir esta última desvantagem, um caso, que a rigor nela nitidamente se enquadra: como seria desagradável ler uma página crítica sobre João de Lemos Seixas Castelo Branco, onde o poeta fosse sucessivamente citado ora por João de Lemos, ora por Castelo Branco, ora por Lemos Seixas, e assim por diante.

3. A repetição das palavras

Não é pelos sinônimos que se tem de evitar, em princípio, uma repetição viciosa. Há para isso processos mais radicais:

a) a inteligente utilização dos pronomes;

b) a omissão da palavra, quando esta elipse se faz sentir natural;

c) a construção adequada das frases, permitindo pôr de lado, depois de algum tempo, a idéia, cuja presença insistente se está tornando afrontosa.

Eis dois exemplos:

1) "Ao elaborar os planos de uma defensiva é preciso não esquecer *que a defensiva não decidirá da vitória*" (correção: *"que ela não decidirá da vitória"*).

2) "Numa guerra, só quando se passa à ofensiva, *é que se pode levar a guerra a um resultado decisivo*" (correção, muito melhor do que o emprego de *luta*, *campanha*, *conflito*: *"que se pode chegar a um resultado decisivo"*).

Observe-se, por outro lado, que nem sempre a repetição é de mau efeito, como muita gente crê. Em circunstâncias especiais, em que cumpre insistir teimosamente para convencer e sugestionar, a presença, de momento a momento, da mesma palavra pode ser de excelente resultado. É o que bem ilustra Rui Barbosa ao comentar a frase atribuída ao chanceler alemão, em 1914, sobre o nenhum valor dos tratados: "Se os tratados são trapos de papel, porque se consignam em papéis, trapos de papel são contratos, porque todos em papel se escrevem. Se, celebrando-se no papel os tratados, por isso não são mais que trapos de papel, mais que trapos de papel não são tamém as leis, que no papel se formulam, decretam e promulgam. Se os tratados, porque recebem no papel a sua forma visível, a trapos de papel se reduzem, as Constituições, que no papel se pactuam, não passam de trapos de papel. Trapos de papel maiores ou menores, mas tudo papel e em trapos" (*Problemas de Direito Internacional, Conferência de Buenos Aires*, ed. Truscott, 1916, p. 86).

Entretanto, neste particular, a língua portuguesa não propende a favorecer a repetição retórica no grau lato que se encontra em inglês, por exemplo; e é preciso muito cuidado com tal recurso, mormente diante de um auditório de gente simples, para quem pode passar despercebida a sutileza da intenção.

III. OUTROS ASPECTOS NA ESCOLHA DAS PALAVRAS

1. O perigo das palavras abstratas

Nas *Considerações Gerais,* com que se iniciou este capítulo, já se aludiu à imprecisão de uma palavra em virtude de ter acepções várias, apenas ligadas por um laço muito frouxo. Para precisar-lhe o sentido é necessário muitas vezes a colaboração de todo o conjunto em que ela se acha.

O perigo, como vimos então, é maior com as palavras ditas abstratas, que exprimem idéias depreendidas das coisas concretas pelo nosso trabalho mental. As diferenças são aí tão vagas, que o próprio expositor se arrisca a passar insensivelmente de um sentido para outro, caindo na confusão ou na incoerência. Acresce que nem todos nós estamos em concordância implícita sobre palavras como *solidariedade, patriotismo, lealdade,* e cada qual as focaliza pelo ângulo por que está habituado a encará-las. Finalmente, a palavra abstrata é sentida com muito menos relevo do que a concreta, que, ao contrário, podemos facilmente visualizar.

Esses inconvenientes ressaltam nos nomes de ação e qualidade, que tendem a se acumular em dissertações de caráter teórico. Aí é que tem especial cabimento o incisivo comentário dos professores norte-americanos Foerster e Steadman: "Se bem que as palavras comuns e as abstratas tenham o seu lugar próprio, muitas vezes as empregamos quando seriam mais bem empregadas palavras específicas e concretas, apenas porque somos muito preguiçosos para dizer aquilo que queremos, ou para achar aquilo que de fato queremos dizer" (*Writing and Thinking*, p. 51).

Não é possível – é claro – banir as palavras abstratas; mas é sempre possível só usá-las justificadamente e atentar se pelo teor da frase estão com um sentido nítido, coerente e facilmente apreensível.

2. Homônimos e parônimos

A confusão também se insinua em conseqüência dos termos de significação distinta, mas de forma igual (homônimos) ou mesmo parecida (parônimos).

Os homônimos só se elucidam em função das frases em que se acham, e por isso nos obrigam a uma formulação mais acurada. Evidentemente, quando eu me refiro ao – "cravo de uma ferradura", ninguém entenderá a palavra como designando uma flor ou um instrumento de música; mas nem todas as nossas asserções podem ser assim intrinsecamente claras.

Da mesma sorte, a existência de um parônimo embaraça muitas vezes o emprego de uma palavra. A tendência é neste caso a de se ouvir, ou até inadvertidamente ler, a forma que é de mais freqüente uso "espírito ponderoso" – dirá um orador, e o auditório apreenderá – "espírito poderoso", baralhando a afirmação.

Devemos, portanto, ser muito cuidadosos em referência às palavras que apresentam homônimos ou parônimos; e, quanto às deste último tipo, na necessidade de empregá-las, levar em conta a amplitude do seu uso para esteá-las bem, dentro da frase, e, na exposição oral, articulá-las com especial precisão.

Não se deve, porém, concluir que os homônimos e os parônimos são em princípio um mal e só têm aspectos negativos, contra os quais precisamos precaver-nos.

Uns e outros são, a certo respeito, uma riqueza da língua e muito podem concorrer para o relevo e a expressividade de um pensamento.

A colocação, lado a lado, de duas palavras distintas, mas de aspecto semelhante, pode melhor destacar a significação inconfundível de cada uma, através da quase confusão formal.

Almeida Garret dá-nos dois exemplos consecutivos no discurso com que apresentou o seu *Frei Luís de Sousa* ao Conservatório Real de Lisboa: "É singular condição dos mais belos fatos e dos mais belos caracteres que ornam os fastos portugueses, serem tantos deles, quase todos eles, de uma *extrema* e *estreme* simplicidade... A bela figura de Manoel de Sousa Coutinho, ao pé da angélica e resignada forma de D. Madalena, amparando em seus braços interlaçados o inocente e mal-estreado fruto de seus fatais amores, formam naturalmente um grupo, que se eu pudesse tomar nas mãos o escopro de Canova ou de Torwaldsen – sei que o desentranhava de um cepo de mármore de Carrara com mais *facilidade*, e de certo com mais *felicidade*, do que tive em pôr o mesmo pensamento por escritura nos três atos do meu drama" (*Teatro*, ed. T. Braga, VI, p. 5-7).

Analogamente, no emprego atual de uma palavra de mais de um sentido, pode-se fazer transparecer, como num claro-escuro à Rembrandt, outro sentido homônimo, que se tem indiretamente em vista. Assim é que o Dr. Samuel Johnson, servindo-se de *razão* como equivalente de *motivo*, mas sugerindo-lhe a acepção básica de faculdade intelectiva do homem, fechou com um *knock-out* um debate que se prolongava sem termo: "Eu já lhe dei uma razão, senhor; mas não me compete também lhe dar um entendimento".[30]

---

30. A frase, que cito de Macaulay (*Literary Essays*, Ed. Nelson, p. 117) não é a única desta natureza do famoso dicionarista inglês.

Capítulo XVII

A LINGUAGEM FIGURADA

I. CARACTERIZAÇÃO

1. Conceito da linguagem figurada

O estudo do bom emprego das palavras fica incompleto, se também não levarmos em conta que a cada passo as desviamos do seu sentido próprio.

É essa circunstância que não raro torna fútil, quando não contraproducente, o escrúpulo de um acordo rigoroso com as definições do dicionário, e torna inútil, quando não falaz e desastroso, deduzir a significação em função do radical ou dos termos cognatos.

Desviar uma palavra da sua significação própria, o que tem em gramática o nome de linguagem figurada, é um fenômeno normal na comunicação lingüística, e explica-se, em última análise, pelo que já ficou mais de uma vez frisado no capítulo anterior: o alcance exato de uma palavra:

a) depende em grande parte do alcance da frase em que ela se acha;

b) é precisado e delimitado pelas outras palavras em torno;

c) e já é complementarmente sugerido pelo teor geral do que se diz.

É, por exemplo, um sentido figurado o de *vapor* ou de *vela* como equivalentes de *navio;* mas ninguém entenderá o sentido próprio de *corpo* gasoso numa asserção como – "o vapor encalhou", da mesma sorte que – "uma frota de cem velas" é logo interpretada como de cem navios de vela, e não cem velas literalmente ditas nos cem respectivos mastros, o que implicaria num número muito menor de embarcações. Analogamente, um viajante pode comunicar que – "já vai entrar no vapor", sem a menor possibilidade de sobressaltar seus amigos pelo temor de vê-lo morrer sufocado.

2. Tipos de linguagem figurada

A linguagem figurada pode ser essencialmente de dois tipos:

1) Emprego de uma palavra para designar um conceito com que o seu conceito próprio tem qualquer relação:

   a) da parte para o todo, como *cabeça* em vez de *rês;*

   b) do princípio ativo para a coisa acionada, como *vapor* em vez de *navio;*

   c) de continente para conteúdo, como *copo* para uma determinada *porção de água;*

   d) de símbolo para coisa simbolizada, como *bandeira* indicando *partido político* ou a *pátria;*

   e) de instrumento para seu agente, como *pena* na acepção de *escritor;*

   f) de substância para objeto fabricado, como *ferro* correspondente a *espada* ou *punhal;*

   g) de elemento primordial em lugar de todo um conjunto, como *vela* resumindo o *navio de vela;* etc.

A todos estes empregos dá-se o nome de *metonímia.*

2) Emprego de uma palavra com a significação de outra, sem que entre uma e outra coisa designada haja uma relação real, mas apenas em virtude da circunstância de que o nosso espírito as associa e depreende entre elas certas semelhanças.

Se, ao exprimirmos nosso pensamento, tornamos explícita a associação, temos o que se chama uma *comparação* em gramática. Diremos, então, que – A é como B, A parece B, A faz lembrar B.

Podemos, porém, na base de uma semelhança tacitamente depreendida, substituir no momento da formulação verbal uma palavra pela outra e empregar B para designar A. É o que se chama a *metáfora*.

Assim, porque assimilamos mentalmente a ação de governar à de dirigir a marcha de um navio, construímos a frase metafórica – "Franklin Roosevelt foi um magnífico piloto da nação norte-americana" – substituindo por *piloto* (B) uma palavra *A* que realmente corresponderia às suas funções.

II. USO DA LINGUAGEM FIGURADA

1. Importância da metonímia

A metonímia destaca o elemento que, no momento, é essencial no conceito designado. Dizer, por exemplo, *vela* ou *vapor*, em vez de navio, é frisar logo o tipo de embarcação a que me refiro.

Para ver, exemplificadamente, as suas vantagens, basta atentar na famosa enumeração – "suor, sangue e lágrimas" – com que Winston Churchill sintetizou a situação crítica de seu povo, na guerra de 39, depois da queda da França.

A frase decorre de três metonímias, em que três tipos de acontecimentos são expressos pelos nomes das manifestações físicas que eles, respectivamente, provocam no corpo humano. Em linguagem não-figurada, ter-se-ia, vaga, incolor e prolixamente – esforços inauditos, inúmeras mortes e ferimentos, e dores sem conta.

2. Importância da metáfora

Essa força de visualização ainda mais avulta nas metáforas.

À primeira vista, poderia parecer que elas são uma prerrogativa da língua literária ou até, mais estritamente, da poesia, e não interessam a quem quer apenas apresentar com nitidez e eficiência os seus pensamentos para fins práticos.

A conclusão seria completamente falsa.

Mesmo na conversação cotidiana apelamos instintivamente para a linguagem metafórica. E com muito mais razão o fazemos numa exposição oral ou escrita. O pensamento lingüístico é, por sua natureza, imaginoso; por isso, como observa o filólogo alemão Karl Vossler, a própria ciência só se desvincula das metáforas, quando abandona a linguagem propriamente dita e se circunscreve a formulação matemática.[31]

O resultado desse caráter da comunicação lingüística é a importância do emprego metafórico das palavras em tudo que dizemos ou escrevemos.

É um meio valiosíssimo para agradar, sugestionar e convencer. Quase instintivamente a massa dos leitores ou ouvintes espera sempre de qualquer expositor uma tal ou qual "riqueza de imaginação".

Não poucas vezes, até, a metáfora é o único meio de esclarecer satisfatoriamente um assunto ou um conceito. Como se poderia dispensar, por exemplo, num moderno tratado de operações militares as expressões essencialmente metafóricas de – *movimento de tenazes, ponta de lança, martelamento das posições?* Quantas palavras seriam necessárias para substituir difusamente a metáfora do – *vôo em parafuso!*

A exigência ainda é mais aguda em referência às abstrações. O emprego da palavra figurada é um recurso quase sempre eficiente para obviar ao caráter vago dos termos abstratos, cujo perigo foi salientado no capítulo anterior.

É o que, na própria exposição científica, aparece meridianamente, quando um expositor "imaginoso", como Paul Janet, nos dá uma noção nítida do que é potencial elétrico, assimilan-

---

31. Cf. o capítulo VIII sobre *A linguagem e a Ciência*, no seu livro *The Spieit of Language*, trad. Oeser, Londres 1932.

do-o à altura da água num reservatório e substituindo para o principiante o termo *potencial* por *altura da eletricidade* (*Prémiers Principes d'Eletricité Industrielle,* 7ª ed., p. 36).

3. Uso da comparação

Há casos, entretanto, em que se impõe enunciar o termo propriamente designativo *A,* embora uma exigência do senso estético ou as necessidades da clareza ou do vigor da expressão nos façam sentir a conveniência de ampará-lo com um elemento *B,* mais nítido, mais concreto, mais impressionante. É o caso típico em que se torna aconselhável a comparação.

Várias vezes, melhor que a metáfora, ela nos permite desenvolver os múltiplos aspectos que criaram em nosso espírito a associação A-B, e assim preparar o leitor ou o ouvinte desprevenido para também aceitá-la sem reservas mentais ou mesmo certa perplexidade.

Seria, por exemplo, extravagante substituir o nome do Conselheiro Zacarias pela metáfora – *navio de guerra;* mas nesta ordem de idéias Joaquim Nabuco nos dá uma comparação explícita e minuciosa: "A sua posição lembra um navio de guerra, com os portalós fechados, o convés limpo, os fogos acesos, a equipagem a postos, solitário, inabordável, pronto para a ação" (*Um Estadista do Império,* cit., II, p. 117).

4. A linguagem figurada fossilizada

Se a linguagem figurada está, como vimos, no próprio cerne da expressão verbal, não é de admirar que a encontremos, latente ou já francamente extinta, em quase todo o vocabulário de uma língua. Assim, para nos limitarmos a um exemplo, a comparação entre governar e dirigir um navio apenas renova uma metáfora, que se esvaiu do primeiro desses verbos, pois de *gubernáre* em latim (port. *governar*) a significação própria era a de *pilotar.*

É o que podemos chamar a linguagem figurada fossilizada, partindo de um trecho célebre do ensaísta norte-americano

Emerson: “A linguagem é poesia fossilizada. Como as rochas sedimentárias consistem de massas infinitas de conchas de animálculos, a linguagem é feita de imagens ou tropos, que agora, no seu emprego secundário, deixaram há muito de nos sugerir a sua origem poética” (*Essays and Representative Men*, ed. Collins, p. 231).

Daí podemos tirar três importantes conseqüências práticas:

1) A primeira é que, como se ressalvou logo no início deste capítulo, não se pode em princípio pautar a significação de uma palavra pelo seu radical, pelos seus elementos formadores ou pelos termos cognatos. Fazê-lo é muitas vezes uma falácia, contra a qual precisamos precaver-nos ao definir ou comentar uma denominação técnica ou científica: o sentido atual pode não ser o originariamente próprio, mas resultar de uma metonímia ou de uma metáfora, de que já não se tem idéia.

2) Se, por outro lado, há uma metáfora meio-extinta e que ainda se faz um pouco perceber, é preciso não olvidá-lo na formulação verbal. Um exemplo típico é o uso da preposição conveniente com os termos figurados *aspecto* (isto é, visão), *ângulo* e *ponto de vista*, com que particularizamos uma determinada maneira de considerar um fato ou uma coisa: a visão recobre os objetos vistos e, portanto, é justo dizer que eles se acham *sob um ou mais aspectos*, ao passo que, em função da posição em que estamos em referência a eles, só podemos vê-los *por um ângulo* ou *de um ponto de vista*.

3) Finalmente – e este é o lado positivo da situação – a significação latente permite auferir as suas vantagens, por um processo que poderíamos chamar econômico, sem a mudança da palavra usual. É o que se exemplifica em Carlyle com o elemento *hierós* de um composto grego, onde o valor religioso do adjetivo se obumbrou há muito: contrapondo-se às teorias igualitárias, exclama enfaticamente o apologista dos *Heróis* e *do Culto dos*

Heróis que "a hierarquia social bem merece o seu nome, pois é uma coisa sagrada" (*Heroes and Hero-Worship*, ed. Colins, p. 11).

5. Emprego vicioso das metáforas

Resta-nos, finalmente, apreciar a título de conclusão o emprego vicioso das metáforas. Ele resulta da inobservância de certos princípios, que com o gramático inglês Abbott (*A Shakespearian Grammar*, 1925, p. 436-8) podemos capitular em cinco itens:

1) a metáfora tem de decorrer das necessidades da ênfase e da clareza;
2) não deve ser forçada e artificial, e no uso da linguagem para fins práticos – acrescentemos – não deve ser sequer muito original e fora do comum;
3) não convém que ela se desenvolva demais e entre em muitos detalhes;
4) não se deve acumular duas ou mais metáforas contraditórias na seqüência de um pensamento;
5) a metáfora o deve ser integralmente e não coincidir em parte com a situação real.

O item 3 cria o vício que os ingleses chamam *"to ride a metaphor to death"* (cavalgar uma metáfora até estafá-la), ou, para falar em linguagem não-metafórica, até que as semelhanças desaparecem e enunciamos um disparate.

Do item 5 dá-nos Abbott um excelente exemplo com a frase – "um belo capitão é o piloto do seu navio". Com efeito, como num navio há um capitão e há um piloto, o intento metafórico deste último termo fica perdido, e passa-se a afirmar uma extravagância, a saber, que o capitão e o piloto devem ser a mesma pessoa.

Quanto ao item 4 não faltam exemplos que raiam por anedotas; haja vista o do "carro do Estado que navega num vulcão" de um orador político incipiente, ou a assertiva de um crítico teatral sobre uma jovem cantora – "estrela em botão que já canta com mão de mestre".[32]

E não esqueçamos, acima de tudo, que, pelo próprio conceito de metáfora, não existe entre A e B uma correspondência objetiva na realidade, a fim de não sermos vítimas das nossas próprias comparações implícitas ou explícitas. Com elas se destaca ou se esclarece uma idéia, mas nunca se pode construir uma relação lógica. É justo, evidentemente, em termos de linguagem expressiva, dizer que uma linha férrea importante é a espinha dorsal de um país; mas seria absurdo que o Estado-Maior inimigo, tendo feito romper pelo bombardeio aéreo um largo trecho dessa linha, concluísse que o país antagonista está aniquilado exatamente como um homem de quem se quebrou a espinha dorsal.

---

32. As frases anedóticas, de fundo francês, se encontram na língua original em Vendryes, *Le Langage*, cit., p. 209.

Capítulo XVIII

A CLAREZA E SEUS VÁRIOS ASPECTOS

1. Conceituação

A clareza é a qualidade central de quem fala ou escreve. A sua importância decorre das próprias funções que, inicialmente, deduzimos como primaciais na linguagem:

a) possibilitar o pensamento em seu sentido lato;

b) permitir a comunicação ampla do pensamento assim elaborado.

Todas as demais qualidades que a retórica, desde os gregos, enumera na arte da palavra, estão para a clareza como para uma cúpula que coroa e domina o conjunto.

Assim, a riqueza e a propriedade no emprego dos vocábulos se impõem pela necessidade do termo adequado e claro. A correção gramatical nos seus aspectos mais profundos é o aproveitamento da experiência tradicional na formulação clara do pensamento; como o mero respeito às convenções firmadas, visa, em última análise, a facilitar a apreensão do leitor ou do ouvinte, sem desviar-lhe a atenção para uma forma anômala. Até uma qualidade puramente estética, como a da harmonia sonora, justifica-se como o meio de satisfazer àquele senso estético coletivo que vimos espontâneo e inerente nos homens no âmbito das comunicações lingüísticas: sem ela faltará a nossa boa vontade em relação ao pensamento exposto, e a formulação verbal mais clara deixará de o ser para uma atenção distraída ou retraída.

Se agora considerarmos a clareza na base das duas funções primaciais da linguagem vemo-la sob dois grandes aspectos. Uma clareza interna ou mental possibilita o pensamento, em seu sentido lato. Uma clareza externa ou lingüística permite a comunicação ampla do pensamento assim elaborado.

2. A clareza interna

A comunicação lingüística é internamente clara, quando nela aparece limpidamente o pensamento. A linguagem pode então ser comparada a um copo cristalino através do qual se vê nitidamente o líquido que o enche. Torna-se um vidro de perfeita transparência, e, sem sentir-lhe a interposição, recebemos as idéias de outrem.

Assim se estabelece a comunhão mental no intercâmbio lingüístico. Podemos dizer que a clareza interna resulta em como que abolir a presença da linguagem entre o pensamento de quem fala ou escreve e a apreensão de quem o ouve ou o lê.

Ora, a primeira condição para isso é a clareza das próprias idéias por comunicar. Daí a verdade profunda do verso de Boileau já lembrado neste nosso livrinho: "o que é bem concebido se enuncia claramente".

Outro poeta francês, o fabulista Florian, deu-nos um excelente símile da clareza interna na história do macaco que passava os quadros de uma lanterna mágica, em pura perda, diante dos outros bichos perplexos, porque – *"il n'avait oublié qu'un point: c'était d'éclairer sa lanterne"* (Fáb. 7, liv. II).

O ato de iluminar a lanterna corresponde à boa composição do assunto. Por esse meio, tomamos, para nós próprios, a consciência plena do que pretendemos dizer. É o trabalho da composição que nos obriga a repensar metodicamente o que tínhamos no espírito, mas ainda não havíamos formulado para nós mesmos. É esse trabalho, portanto, um passo indispensável para bem conceber o pensamento, e o conselho de Boileau se executa assim muito naturalmente, quando pomos no devido foco e consideramos pelos mais variados ângulos as idéias que nos bailam no cérebro.

3. A clareza externa

É preciso, entretanto, concordar que esse conselho só nos dá meia verdade. Não leva em conta que um pensamento claramente concebido tem também de ser claramente projetado.

Ora, a projeção se faz com os elementos da língua. A clareza externa define-se, portanto, como o aproveitamento adequado dos meios lingüísticos para o fim da comunicação. Em outros termos, é preciso que utilizemos com mestria e segurança a linguagem normal.

Sob este aspecto, a clareza resulta da boa aplicação de tudo que se aconselha e ensina num curso de língua materna.

Daí a necessidade da correção em seu sentido mais lato: na articulação (e, complementarmente, até certo ponto na ortografia), na estrutura da frase, no bom emprego das formas gramaticais e, na sua concordância, na escolha das palavras.

4. As imperfeições da língua

Nesse afã, é preciso não esquecer, por outro lado, que uma língua nunca é instrumento perfeito de comunicação.

Apresenta recursos de expressão ambíguos nos mais variados setores.[33]

As palavras têm, como vimos, mais de um sentido, e deve haver todo um trabalho, às vezes estrênuo, para bem delimitá-las em cada caso concreto.

Não menos digno de consideração é o caráter imperfeito de certas formas gramaticais e certos tipos de frase.

---

33. Cf. as finas observações de Otto Jespersen a propósito da decantada clareza das línguas flexionais (*Language, its nature; development and origin*, London 1928, p. 341s).

Não será ocioso aqui capitulá-lo em alguns itens, que merecem atenção especial.

1) A ambigüidade do sujeito

Conhecemos em português o sujeito de uma ação verbal, em contraste com o chamado objeto direto (que também fica ao lado do verbo sem preposição regente) por dois traços característicos:

a) a concordância do verbo com ele em número e pessoa;

b) a sua anteposição ao verbo.

É bastante que sujeito e complemento sejam do mesmo número e pessoa (dois substantivos simultaneamente no singular ou plural) para que o traço característico a) perca a sua eficiência.

Por outro lado, o traço b) é de vantagem precária, porque também se admite a preposição do sujeito e a anteposição do objeto ao verbo. Há uma tendência à inversão para fins de ênfase; impõe-se assim examinar a possibilidade da conseqüente falta de clareza em cada caso concreto, desde que já não funcione o traço a).

2) A partícula possessiva da 3ª pessoa

Seu e as correspondentes formas variantes de gênero e número podem, em princípio, referir-se a qualquer ser já expresso na frase, seja ele sujeito ou complemento, esteja no masculino ou no feminino, ou no singular ou no plural.

É o que logo ressalta, quando queremos traduzir pelo nosso possessivo os ingleses *his, her, its, their,* que se referem delimitadamente a um só ser masculino, a um só ser feminino, a um só neutro, e a dois ou mais seres. A mesma imperfeição da nossa língua aparece diante de uma frase latina, onde *suus* e as respectivas variantes só remetem ao sujeito da oração.

A ambigüidade foi agravada pela possibilidade de uso de *seu* para a pessoa a quem nos dirigimos no tratamento de *senhor* e equivalentes.

3) O pronome relativo que

Representa um substantivo ou pronome que o antecede imediatamente. Se temos, porém, uma locução de dois substantivos, em que um é adjunto do outro, a referência pode ser, em princípio, a qualquer dos dois. Nem sequer uma possível diferença de gênero ou número entre eles concorre para a precisão, porquanto a partícula *que* é invariável.

4) A preposição de

Pode subordinar tanto um substantivo a outro como um substantivo a certos verbos.

5) A partícula se

Esta partícula pronominal, que se usa junto ao verbo, pode ser de valor reflexivo ou não. Em outros termos, o ser que se articula com o verbo em frases desse tipo pode ter produzido a ação que sofre *(viu-se no espelho)*, ou apenas sofrê-la de um agente desconhecido *(viu-se ao longe um cavaleiro)*.

A língua popular reage contra a ambigüidade, optando no segundo caso pela invariabilidade do verbo, o que introduz mais clareza quando se trata de um ser plural. Mas já vimos um capítulo anterior que a disciplina gramatical repele o processo e que convém acatá-la para não impressionar mal.

É verdade que nesse segundo caso há o recurso de pospor sistematicamente o substantivo ao verbo. É, porém, de si um recurso muito precário, porque a posposição não está cristalizada na língua com tal caráter.

5. Como corrigir a ambigüidade

A prática da linguagem e o esforço incessante para a clareza nos podem orientar na boa solução desses casos e de outros análogos.

Apliquemo-nos, por exemplo, à corrigenda das seguintes frases, que ilustram cada um dos itens ambíguos acima enumerados:

1) “Destruíram os aviões os canhões antiaéreos”.

2) “A linguagem desses oradores reflete a sua falta de objetivo”.

3) “Foram projetados foguetes contra cidades inimigas do nosso país”.

4) “Eis a estratégia fundamental de Napoleão, que todos nós temos de admirar sem reservas”.

5) “Faltam muitos cavalos que se perderam nos bosques”.

É evidente que o início enfático da frase 1 pelo verbo não deve ser mantido, pois não deixa bem claro que o sujeito são os aviões. Não perderemos a ênfase com a anteposição desse sujeito, se dissermos: “Os aviões é que destruíram os canhões antiaéreos”.

Se na frase 2 a crítica é aos próprios oradores, podemos melhor esclarecê-lo, jogando a palavra *linguagem* para depois de enunciação do possessivo: “Esses oradores refletem a sua falta de objetivo na própria linguagem”. Em caso contrário, diremos, simplesmente, sem o possessivo: “A linguagem desses oradores reflete falta de objetivo”.

A frase 3 é um bom exemplo de como um complemento verbal pode dar a impressão de ser adjunto de um substantivo a que se segue: “cidades inimigas do nosso país, porque revoltadas ou ocupadas pelo inimigo”. A corrigenda nesta e noutras construções semelhantes está em transpor o complemento para junto do verbo: “Foram projetados do nosso país foguetes contra cidades inimigas”.

Em referência à frase 4 a substituição da partícula *que* por o *qual* (que no feminino é *a qual*) resolve a ambigüidade, mas com certo prejuízo de graça e leveza do enunciado. Desistir da estrutura subordinada parece melhor solução: “Eis a estratégia fundamental de Napoleão, e todos nós temos de admirá-la sem reservas” (ou “... e não há como não admirá-la sem reservas”).

A frase 5 envolve uma interpretação dupla:

a) os cavalos se extraviaram (valor reflexivo):

b) foram perdidos na desorganização da marcha, na confusão resultante de um ataque etc. Para o intento a) basta a substituição do verbo: "... que se extraviaram nos bosques", ou um fortalecimento do seu sentido – "... que se desgarraram e perderam..." O intento b) se compadece mal, neste caso, com a partícula *se* ou mesmo com a forma francamente passiva. É melhor dizer, por exemplo: "Faltam muitos cavalos, que a coluna expedicionária perdeu nos bosques".

É importante em todas as circunstâncias de ambigüidade formal não nos deixarmos levar pela tendência ao menor esforço, atribuindo aos leitores ou ouvintes o encargo da interpretação justa. Nenhum expositor tem o direito de fazê-lo. Muito ao contrário, cabe-lhe o dever de ser meridianamente claro, em vez de solicitar uma colaboração indevida da inteligência alheia.

CONCLUSÃO GERAL

Se a clareza, em seu sentido lato, é a cúpula das nossas considerações sobre a Expressão Oral e Escrita, podemos dar por concluído nosso trabalho.

Através dele procurou-se apreciar os múltiplos e complexos aspectos sob que se apresenta o uso da linguagem.

Vimos o que se deve entender por boa linguagem e que ela não se resume na mera correção gramatical. Compreendemos como esta última é, até certo ponto, um conceito relativo e como se enquadra na finalidade ampla da comunicação lingüística. Aprendemos a distinguir entre os caracteres próprios da exposição oral e os da exposição escrita. Analisamos a estrutura da frase e as condições da formulação verbal. Recordamos a traços largos a disciplina gramatical vigente, a função significativa das palavras no emprego próprio e figurado. E chegamos à questão central da clareza lingüística.

A melhor lição, porém, que se deve destacar de todo este estudo é talvez a da importância da linguagem como parte integrante da nossa pessoa.

Os antigos poetas de corte compraziam-se em desenvolver seus versos na base de uma frase-mote que lhes era proposta. Estas páginas também podem ser consideradas desenvolvimento de um mote, e vamos buscá-lo nos Ensaios *de Emerson* (cit., p. 220):

"O homem é apenas metade de si mesmo; a outra metade é a sua expressão".

EDITORA VOZES

SEDE

PETRÓPOLIS, RJ
Internet: http://www.vozes.com.br
(25689-900) Rua Frei Luís, 100
Caixa Postal 90023
Tel.: (024) 237-5112
Fax: (024) 231-4676
E-mail: vendas@vozes.com.br

UNIDADE DE VENDA NO EXTERIOR

PORTUGAL
Av. Miguel Bombarda, 21 A – 1050 – Lisboa
Tel.: (00351.1) 355-1127
Fax: (00351.1) 355-1128
E-mail: vendas@mail.telepac.pt

UNIDADES DE VENDA NO BRASIL

APARECIDA, SP
Varejo
(12570-000) Centro de Apoio aos Romeiros
Setor "A", Asa "Oeste"
Rua 02 e 03 – lojas 111/112 e 113/114
Tel.: (012) 564-1117
Fax: (012) 564-1118

BELO HORIZONTE, MG
Atacado e varejo
(30130-170) Rua Sergipe, 120 – loja 1
Tel.: (031) 226-9010 – atacado
(031) 222-7797 – varejo
Fax: (031) 226-9269
Varejo
(30190-060) Rua Tupis, 114
Tel.: (031) 273-2538
Fax: (031) 222-4482

BRASÍLIA, DF
Atacado e varejo
(70730-516) SCLR/Norte, Q 704, Bl. A, nº 15
Tel.: (061) 223-2436
Fax: (061) 223-2282

CAMPINAS, SP
Varejo
(13015-002) Rua Br. de Jaguara, 1164
Tel.: (019) 231-1323
Fax: (019) 234-9316

CUIABÁ, MT
Atacado e varejo
(78045-750) Rua Marechal Floriano, 611 – sl. 2
Tel.: (065) 623-5307
Fax: (065) 623-5186

CURITIBA, PR
Atacado
(80060-130) Rua Francisco Torres, 733 – Centro
Tel.: (041) 264-9112
Fax: (041) 264-9695
Varejo
(80020-000) Rua Voluntários da Pátria, 41 – loja 39
Tel.: (041) 233-1392
Fax: (041) 233-1570

FLORIANÓPOLIS, SC
Atacado e varejo
(88015-100) Rua Osmar Cunha, 183 – loja 15
Centro
Tel. e Fax: (048) 222-4112

FORTALEZA, CE
Atacado e varejo
(60025-100) Rua Major Facundo, 730
Tel.: (085) 231-9321
Fax: (085) 221-4238

GOIÂNIA, GO
Atacado e varejo
(74023-010) Rua 3, nº 291
Tel.: (062) 225-3077
Fax: (062) 225-3994

JUIZ DE FORA, MG
Atacado e varejo
(36010-041) Rua Espírito Santo, 963
Tel.: (032) 215-9050
Fax: (032) 215-8061

LONDRINA, PR
Varejo
(86010-390) Rua Piauí, 72 – loja 1
Tel.: (043) 337-3129
Fax: (043) 325-7167

MANAUS, AM
Varejo
(69010-230) Rua Costa Azevedo, 91 – Centro
Tel. e Fax: (092) 233-0154

PORTO ALEGRE, RS
Atacado
(90035-000) Rua Ramiro Barcelos, 386
Tel.: (051) 225-4879
Fax: (051) 225-4977
Varejo
(90010-273) Rua Riachuelo, 1280
Tel.: (051) 226-3911
Fax: (051) 226-3710

RECIFE, PE
Atacado e varejo
(50050-410) Rua do Príncipe, 482
Tel.: (081) 423-4100
Fax: (081) 423-7575
Varejo
(50010-120) Rua Frei Caneca, 12, 16 e 1
Bairro Santo Antônio

RIO DE JANEIRO, RJ
Atacado
(22280-060) Rua Elvira Machado, 5 – Botafogo
Tel.: (021) 295-1224
Fax: (021) 543-3621
Varejo
(20031-201) Rua Senador Dantas, 118-I
Tel.: (021) 220-8546
Fax: (021) 220-6445

SALVADOR, BA
Atacado e varejo
(40060-410) Rua Carlos Gomes, 698-A
Tel.: (071) 329-5466
Fax: (071) 329-4749

SÃO LUÍS, MA
Varejo
(65010-440) Rua da Palma, 502 – Centro
Tel.: (098) 221-5557, ramal 32
Fax: (098) 231-0641

SÃO PAULO, SP
Atacado
(01415-000) Rua Bela Cintra, 967 – 8º andar
Conjunto 81 – Cerqueira Cesar
Tel.: (011) 3159-1236
Fax: (011) 257-0452
Varejo
(01006-000) Rua Senador Feijó, 168
Tel.: (011) 3105-7144
Fax: (011) 3107-7948
Varejo
(01414-000) Rua Haddock Lobo, 360
Tel.: (011) 256-0611
Fax: (011) 258-2841